Paidreacha na Gaeilge
Prayers in Irish

Eag. Donla uí Bhraonáin

Cois Life Teoranta
Baile Átha Cliath

Tá Cois Life buíoch de Bhord na Leabhar Gaeilge (Foras na Gaeilge)
agus den Chomhairle Ealaíon as a gcúnamh.
An chéad chló 2008 © Donla uí Bhraonáin
ISBN 978-1-901176-88-9
Ealaín / Artwork: © Eastát Evie Hone / Evie Hone Estate
Clúdach agus dearadh: Alan Keogh
Clódóirí: Nicholson and Bass
www.coislife.ie

Evie Hone: Nóta Beathaisnéise

Rugadh Evie Hone HRHA sa bhliain 1894 i mBaile Átha Cliath. Tháinig pairilís uirthi agus í ina hóige agus fágadh iarmhairtí míchumais uirthi dá héis. Chuaigh sí go Londain chun staidéar a dhéanamh i Scoil Ealaíne Westminster faoi Walter Sickert. Ina dhiaidh sin thug sí féin agus a buanchara, Mainie Jellet - ealaíontóir eile - aghaidh ar Pháras agus rinne staidéar ansin faoi André Lhote go dtí 1921 agus ina dhiaidh sin ó am go chéile faoi Albert Gleizes. Stíl nua-aimseartha, cúbach a bhí i bhfaisean ag an am. Chuir Hone spéis sa ghloine dhaite am éigin sna 1920idí ach thart ar 1933 thosaigh sí ag staidéar sa Túr Gloine, stiúideo a bhunaigh an t-ealaíontóir Sarah Purser agus comhbhunaitheoir Amharclann na Mainistreach, Edward Martyn, i dtús an chéid. D'iompaigh Hone ina Caitliceach sa bhliain 1937 agus ina dhiaidh sin dhírigh sí ar fhuinneoga gloine in an-chuid eaglaisí idir Phrotastúnacha agus Chaitliceacha ar fud na tíre agus thar lear. Thug an Rialtas coimisiún di fuinneog a dhearadh don Phailliún Éireannach ag Aonach Domhanda Nua-Eabhrac sa bhliain 1939. 'My Four Green Fields' an teideal a bhí ar an bpíosa seo agus tá sé le feiceáil anois i dTithe an Rialtais i mBaile Átha Cliath. Tá saothar gloine eile léi le feiceáil sa Dublin City Gallery The Hugh Lane agus i nGailearaí Highlanes, Droichead Átha. I measc na séipéal a bhfuil saothar léi iontu tá Eaglais Mhuire, Cluain Saileach i mBÁC agus Eaglais Ard an Rátha, Co. Dhún na nGall. Is dócha gurb iad na píosaí is cáiliúla a rinne sí thar lear ná an fhuinneog i séipéal Eton, Sasana, ar mheas criticeoir amháin faoi go raibh sé i measc na mórshaothar gloine sa traidisiún Eorpach. Fuair sí bás sa bhliain 1955.

Bhíodh an saothar gloine réalaíoch i gcónaí ach bhí meascán de sin agus den teibíocht sna saothair a rinne sí sna meáin eile. Meascán atá sa leabhar seo, ach gné spioradálta éigin ag roinnt leo ar fad, b'fhéidir.

Evie Hone: Biographical Note

Evie Hone HRHA was born in Dublin in 1884. She suffered paralysis as a child and was partially disabled as a result. She travelled to London to study at the Westminster School of Art under Walter Sickert. After that she and her lifelong friend and fellow-artist, Mainie Jellet, headed for Paris where they studied under André Lhote until 1921 and after that, intermittently, under Albert Gleizes. The fashionable modes of expressions were modernist and cubist. Hone became interested in stained glass in the 1920s and began studying in 1933 at the 'Túr Gloine' (Glass Tower) studios which had been established at the start of the century by artist Sarah Purser and co-founder of the Abbey Theatre, Edward Martyn. Hone converted to Catholicism in 1937 and went on to design stained glass windows in churches all over Ireland and abroad. The Government commissioned a window for the Irish Pavilion at the New York World Fair of 1939. The piece was titled 'My Four Green Fields' and is now on display in Government Buildings, Dublin. Other glass work can be seen in the Dublin City Gallery The Hugh Lane and in the Highlanes Gallery, Drogheda. Among the churches in which Hone's work can be seen are St. Mary's Clonsilla, Co. Dublin and Ardara Church, Co. Donegal. Perhaps Hone's most famous work abroad is the window of Eton Chapel which one critic rated among the great European windows. She died in 1955.

Hone's stained glass pieces were figurative, while her work in other media was sometimes figurative, sometimes abstract. The pieces here are mixed, but all perhaps convey Hone's strong sense of spirituality.

Réamhrá

Is bailiúchán beag é seo de chuid de na paidreacha is coitianta a bhíodh ag ár sinsear le breis is dhá chéad bliain anuas. Paidreacha iad a bhformhór a tugadh ó ghlúin go glúin mar chuid den traidisiún béil, sna ceantair ina raibh Gaeilge á labhairt ag an bpobal. Is dán é uimhir 12, *A Íosa, a Mhic Mhuire*, a scríobh Tadhg Gaelach Ó Súilleabháin (c.1715-1795) agus a chuaigh isteach sa traidisiún béil. Leagan gearr is ea paidir eile, uimhir 20, *Dia do bheatha, a naí naomh* de dhán le hAodh Mac Aingil, duine de na Ceithre Mháistrí, a bhásaigh in 1626. Tá roinnt paidreacha anseo a fuarthas díreach ó lámhscríbhinní i Lárionad Uí Dhuilearga do Bhéaloideas na hÉireann i gColáiste na hOllscoile, Baile Átha Cliath. Foilsíodh a lán díobh cheana i bhfoilseacháin éagsúla - cuid díobh i leabhair atá imithe as cló. As dhá leabhar go háirithe a tógadh na paidreacha sin – as *Ár bPaidreacha Dúchais* le Diarmuid Ó Laoghaire SJ a foilsíodh ar dtús i 1976 (agus a bhfuil athchló déanta roinnt uaireanta air) agus *Abhráin Diadha Chúige Connacht* le Dubhghlas de Híde (An Craoibhín Aoibhinn) a foilsíodh i 1906. Foilsíodh cuid eile san iris *Béaloideas*, in *Irisleabhar Mhaigh Nuat*, in *Timire an Chroí Rónaofa*, in *Ar Aghaidh* agus in áiteanna eile. Ní fios, maidir lena bhformhór, cé a chum iad agus tá leaganacha éagsúla ar fáil de chuid de na paidreacha, mar ba dhual d'ábhar a bhí i mbéal an phobail ar feadh na mblianta. Deir Diarmuid Ó

Laoghaire ina réamhrá 'Is beag paidir anseo, a déarfainn, is lú ná cúpla céad bliain d'aois' (xxiv)'. Léiríonn siad go raibh an spioradáltacht agus nós na paidreoireachta go domhain i bpobal na Gaeilge. Tá paidreacha sa dá leabhar do gach uile shórt ócáide agus tá an creideamh le sonrú iontu i nDia grámhar, maiteach, sa Mhaighdean Mhuire mar idirghabhálaí muinteartha, cuiditheach, agus sna naoimh. Luaitear idir naoimh na hÉireann, a liostaítear mar chineál liodáin i gcuid de na paidreacha, agus na naoimh is mó le rá ó thraidisiún na heaglaise Rómhánaí, go háirithe Naomh Micheál Ardaingeal. Tá cúpla paidir anseo freisin a bhí ag Peig Sayers agus atá i gcló in *A Scéal Féin* (1988). Tá paidreacha chuig naoimh na hÉireann ann as an dá bhailiúchán thuas agus 'aibítir paidreacha' a chum Tadhg Ó Donnchadha (Torna) agus a foilsíodh in *An Alphabet of Irish Saints* i 1916.

Tá teanga agus rithim na seanamhrán le sonrú i gcuid mhór de na paidreacha. Tá an-chosúlacht, mar shampla, in 'Go mbeannaí Muire' (Uimh. 18):

'Go mbeannaí Muire agus go mbeannaí Dia thú.

Go mbeannaí na haspail agus na naoimh thú.

Go mbeannaí an ghealach gheal agus an ghrian thú.

Go mbeannaí an fear thoir agus go mbeannaí an fear thiar thú

agus go mbeannaím féin i ndeireadh thiar thú.'

le véarsa den amhrán 'Dónall Óg':

'Bhain tú thoir is bhain tú thiar dhíom
Bhain tú romham is bhain tú 'mo dhiaidh dhíom
Bhain tú an ghealach is bhain tú an ghrian dhíom
'S is rómhór m'eagla gur bhain tú Dia dhíom.'

Ag trácht dó sa Réamhrá *(Ár bPaidreacha Dúchais)*, tagraíonn Diarmuid Ó Laoghaire don tslí a luíonn na paidreacha dúchasacha le spiorad na Comhairle Vatacánaí. 'Pobal tuaithe nó mórán de phobail bheaga tuaithe, a bhí líonmhar go maith iontu féin agus beo bocht (a chum iad); mar a raibh an comhar agus an mheitheal lánbheo, mar a raibh trua don lag agus don dream a bhí níba bhoichte fós; mar a raibh grá na muintire te, go mór mór do na seandaoine agus na dílleachtaí. Bhain an muintearas sin leis na mairbh féin agus ní raibh siadsan ach mar a bheadh ar an taobh eile den chlaí.'

Deir Pádraig Ó Héalaí i léacht, 'Na Paidreacha Dúchais', a thug sé mar chuid den tsraith Léachtaí Cholm Cille (1979), 'le domhan na Gaeilge a bhaineann na paidreacha agus is fíorchorrcheann atá le fáil i gcruth an Bhéarla. Ní easpa cráifeachta ar phobal na Galltachta is cúis leis seo ach díreach gur mír bhéaloidis faoi fhoirm sheasmhach í an phaidir dhúchais agus gur annamh a bhíonn beatha ag a leithéid tar éis do phobal a dteanga a mhalartú.'

Cé go bhfuil tagairt don pheacúlacht i roinnt áirithe de na paidreacha dúchasacha, tráchtar i gcónaí ar an deis a thug páis Chríost agus maithiúnas Dé dúinn sinn féin a shlánú. Tá an dóchas go láidir iontu. Is suimiúil féachaint ar phaidreacha a foilsíodh mar chuid de *Caitecism na hEaglaise*, leabhar dátheangach (Béarla agus Gaeilge) a foilsíodh i Londain i 1712, faoi choimirce na hEaglaise Anglacánaí, ach iad le húsáid i scoileanna in Éirinn do pháistí gan Bhéarla, agus iad a chur i gcomparáid leis na paidreacha dúchasacha. Paidreacha a cumadh do pháistí sna scoileanna carthanais atá sa leabhar sin agus cé go bhfuil moladh do Dhia go láidir iontu, is mó de bhéim atá iontu ar an bpeaca, ar an olc agus ar laige an duine i gcoinne an chathaithe.

Mar shampla in 'Urnaí le haghaidh úsáide bunaidh tí' luaitear: 'agus chun na críche sin, guímid thú ár neartú agus cúnamh a thabhairt dúinn le do spiorad naofa, nithe is ceart a smaoineamh, a labhairt agus a dhéanamh de ghnáth; agus troid in aghaidh cathaithe an tsaoil, na colainne agus an diabhail: ionas faoi dheoidh go nglacaimid a choróin úd bheatha agus ghlóire a d'ullmhaigh tú ar neamh le haghaidh gach uile dhuine a níonn seirbhís duit agus a chumhdaíos d'aitheanta.'(21)

Sampla de phaidir eile ón leabhar thuas is ea: 'admhaímid agus caímid ár n-iliomad peacaí agus míghníomh a rinneamar ó am go am go rófhuathmhar, le smaoineamh, le briathra agus le gníomh in aghaidh do mhórgacht dhiaga, ag gríosadh go rócheart d'fhearg agus do chorrbhuaise in ár n-aghaidh féin. (19)

Sa leabhar seo tugtar meascán de phaidreacha d'ócáidí ar leith, d'fhéilte ar leith, roinnt paidreacha móra, chomh maith le sraith de phaidreacha chun naoimh na hÉireann a chum Tadhg Ó Donnchadha (Tórna) i dtús an fichiú haois agus a foilsíodh in *An Alphabet of Irish Saints*, 1916. Paidreacha nuachumtha is ea an dá phaidir dheiridh sa leabhar – paidreacha don aos óg a chum beirt dhaltaí de chuid Scoil Lorcáin, Baile na Manach, Co. Bhaile Átha Cliath go speisialta don leabhar seo.

Bhí teidil ar chuid de na paidreacha sna foinsí éagsúla agus uaireanta tharla an phaidir chéanna a bheith faoi theidil éagsúla. Socraíodh an chéad líne a thabhairt mar theideal i gclár an leabhair seo sna cásanna a raibh éiginnteacht ann, nó nach raibh teideal ar bith ar phaidir. Rinneadh eagarthóireacht teanga ar an ábhar as na foinsí éagsúla (fíorbheagán ar na paidreacha in *Ár bPaidreacha Dúchais*, áit a raibh eagarthóireacht déanta cheana ag Diarmuid Ó Laoghaire) chun an litriú agus na leaganacha a thabhairt i gcomhréir le teanga an lae inniu. Tugtar leagan de na paidreacha i mBéarla, aistrithe ag an eagarthóir

Ba mhaith liom buíochas a ghabháil leis na daoine ar fad a chabhraigh liom agus a chuir comhairle orm agus an leabhar seo á ullmhú, go háirithe le m'fhear céile Anraí, le mo chairde Máirín Uí Mhurchú agus Maighréad Nic Curtáin OP, le Lárionad Uí Dhuilearga do Bhéaloideas na hÉireann agus Cnuasach Bhéaloideas na hÉireann UCD agus le Jonny Dillon sa lárionad sin, le F.Á.S a cheadaigh athchló a dhéanamh ar phaidreacha a foilsíodh in *Ár bPaidreacha Dúchais* le Diarmuid Ó Laoghaire SJ agus leis an gCumann le Béaloideas Éireann a cheadaigh paidreacha as an iris *Béaloideas* a athchló. Thug an Dr. Caoilfhionn Nic Pháidín agus an Dr. Seán Ó Cearnaigh, Cois Life, cabhair agus tacaíocht dom maidir leis an téacs agus na léaráidí agus táim fíorbhuíoch díobh beirt.

Is mór an mhaise ar an leabhar seo iad pictiúir Evie Hone. Tá na foilsitheoirí buíoch de Liz Forster, Dublin City Gallery The Hugh Lane, as comhairle a chur orthu faoi eastát Hone. Táimid buíoch de The Friends of the National Collections of Ireland as plé leis an eastát ar ár son maidir le cóipcheart de, de Darren McLoughlin a ghlac na grianghraif, agus go háirithe de Mark Nulty ó The Oriel Gallery, Baile Átha Cliath, a chabhraigh go fial linn leis na ngné ealaíne den leabhar agus a thug cead saothar a bhí ina seilbh a úsáid. Ar na daoine a thug caoinchead saothair a bhí ina seilbh acusan a úsáid chomh maith bhí Mary-Jo Butler agus Luán ó Braonáin.

Foreword

The popular prayers in this short collection have been passed orally from generation to generation over the centuries, particularly in Irish-speaking areas of the country. Some, like Tadhg Gaelach Ó Súilleabháin's (c.1715-1795) *Jesus, Son of Mary* moved from written to oral tradition as did a short version of one of the Four Masters, Aodh Mac Aingil's (d.1626), *Hail, O Holy Infant.* Some of the prayers in this book were taken directly from manuscripts in the UCD Delargy Centre for Irish Folklore and the Irish Folklore Collection. Many of them were published previously, some in publications that are now out of print. Two books, in particular, were used as sources - *Ár bPaidreacha Dúchais* by Diarmuid Ó Laoghaire SJ, first published in 1976 (and reprinted several times) and *The Religious Songs of Connacht* by Douglas Hyde, first published in 1906. Other prayers in this collection were published in *Béaloideas (The Journal of the Irish Folklore Society)*, in *Irisleabhar Mhaigh Nuat, Timire an Chroí Rónaofa, Ar Aghaidh* and elsewhere. The author of most of these prayers is unknown, as is true for most oral tradition. Diarmuid Ó Laoghaire says in his Introduction (xxiv) that few of the prayers would be less than 200 years old. They demonstrate a deep spirituality and the custom of prayerfulness among Irish-speaking communities. There are prayers for every kind of occasion and they express a belief in a strong, loving and forgiving God, in the Virgin Mary as a familiar, helpful intercessor and in the saints. Irish saints and the better known saints from the Roman Catholic orthodoxy, particularly Michael the Archangel, are mentioned in the prayers. There are prayers composed to some of the saints of Ireland by Tadhg Ó Donnchadha (Torna), published in *An Alphabet of Irish Saints* in 1916. There are some prayers here too from Peig Sayers' *A Scéal Féin* (1988).

The language and rhythm of the old song are recognisable in many of the prayers. Readers may notice the similarity between 'Go mbeannaí Muire' (number 18 - translation on page 33):

'Go mbeannaí Muire agus go mbeannaí Dia thú.
Go mbeannaí na haspail agus na naoimh thú.
Go mbeannaí an ghealach gheal agus an ghrian thú.
Go mbeannaí an fear thoir agus go mbeannaí an fear thiar thú agus go mbeannaím féin i ndeireadh thiar thú.'

and the last verse of the song 'Dónall Óg':

'Bhain tú thoir is bhain tú thiar dhíom
Bhain tú romham is bhain tú 'mo dhiaidh dhíom
Bhain tú an ghealach is bhain tú an ghrian dhíom
'S is rómhór m'eagla gur bhain tú Dia dhíom.'

In his Introduction *(Ár bPaidreacha Dúchais)*, Diarmuid Ó

Laoghaire refers to the way that native prayers reflect the spirituality of the second Vatican Council. 'They were composed within a rural community, or within many small rural communities, which were fairly densely populated and extremely poor; where the practice of communal work and support was fully alive, where there was compassion for the weak and for those who were even poorer; where there was a warm love for family, for old people and for orphans. That sense of family extended to the dead who seemed as though they were just on the other side of the stone wall.'

Pádraig Ó Héalaí, in his Léachtaí Cholm Cille lecture, 'Na Paidreacha Dúchais' (1979), said that 'the prayers are part of the world of the Irish language and very few are to be found in an English version. This is not due to a lack of devoutness among English speakers but simply that items of folkore in a fixed form seldom survive after a community changes language.'

Although sin and sinfulness are mentioned in these native prayers, there is always a reference to the hope of salvation through the passion of Christ and God's pardon. There is a strong emphasis on hope. It is interesting to compare these folk prayers with the prayers which were published as part of *The Church Catechism Explained*, a bilingual book (Irish and English), published in London in 1712 by the Anglican Church for use among non-English-speaking children in schools in Ireland. These prayers were composed for children in charity schools and although they loudly praise God, there is a strong emphasis on sin, on evil and on the weakness of humans in face of temptation.

For example, 'A Morning or Evening Prayer for the Family' warns:
'And to that End, we beseech thee to enable and assist us by thy Holy Spirit, to think, speak and do always such things as be rightful; and to withstand the Temptations of the World, the Flesh and the Devil; that at last we may receive that Crown of Life and Glory, which thou hast laid up in Heaven for all those who serve thee and keep thy Commandments.'(20)

Another prayer from the same book accepts God's anger against sinners:
'We acknowledge and bewail our manifold sins and wickedness, which we from time to time most grievously have committed, by thought, word and deed, against thy Divine Majesty, provoking most justly they wrath and indignation against us.' (18)

In this present book, there are a variety of prayers for special occasions, or feast days; there are some general prayers and there is a series of prayers to the saints of Ireland. The two final prayers, for young people, were composed especially for this book by pupils of Scoil Lorcáin, Monkstown, Co. Dublin.

Some prayers appeared with titles in the sources; sometimes the same prayer appears under different titles. In this book the editor used first lines as titles in the table of contents where there was a doubt about the original title or where a prayer had no title. English translations of the prayers are by the editor.

I wish to thank those people who helped and advised me while preparing this book, in particular my husband Anraí, my friends Maureen Murphy and Margaret Mac Curtain OP, the UCD Delargy Centre for Irish Folklore and the National Folklore Collection and Jonny Dillon from that centre, F.Á.S who allowed me to reprint prayers from *Ár bPaidreacha Dúchais* by Diarmuid Ó Laoghaire SJ. Dr. Caoilfhionn Nic Pháidín and Dr. Seán Ó Cearnaigh, Cois Life, were generous in their help and support with both text and illustrations and I am grateful to them both.

This book is greatly enhanced by the reproduction of the paintings of the Irish artist Evie Hone. The publishers wish to thank Liz Forster, Dublin City Gallery The Hugh Lane, for advice about the Hone estate. We are grateful also to The Friends of the National Collections of Ireland for dealing with the estate on our behalf in the matter of copyright, to Darren McLoughlin, who photographed the works and specially to Mark Nulty of The Oriel Gallery, Dublin, who helped us most generously with the artistic aspects of the book and who allowed us photograph works which he held. Mary-Jo Butler and Luán ó Braonáin also kindly allowed works in their possession to be photographed.

Paidreacha le rá faoi Nollaig agus faoi Cháisc

Paidreacha le rá ar ócáidí áirithe

Beannachtaí agus Achainíocha

Paidreacha le rá sa Séipéal

Paidreacha chuig naoimh na hÉireann

Paidreacha a chum daoine óga

1. *Abair do phaidir*

Abair do phaidir más áil leat é,
Is léann í nach dtéann ar gcúl,
Is paidir í nach ngabhann smál,
Caiseal ard ag rí na ndúl.

Dréimire Pharthais is í an phaidir,
Anamphaidir a fhóireas í,
Urnaí chráifeach, aolmhar, ghlan,
Droichead síol Éabha í.

Troscadh, urnaí agus déirc,
Aithrí ghéar is dóchas maith,
Sin é an teagasc a thug Mac Dé
Dá eaglais féin ar an bhfómhar tais.

Say your prayer

Say your prayer if you so desire,
it is a lesson that is not forgotten,
it is a prayer that takes no stain,
a high castle for the king of the elements.

The prayer is the ladder to Paradise,
a soul-prayer that gives relief,
a pious, lime-white, pure prayer,
a bridge for the children of Eve.

Fasting, prayer and alms,
sharp repentance and good hope,
that is the teaching of the Son of God
to his own church against the wet harvest.

2. An phaidir gheal (1)

Go mbeannaí Dia dhuit, a Phaidir Gheal,
Go mbeannaí Dia is Muire dhuit.
Cár chodail tú aréir?
Faoi chosa Mhic Dé.
Cá gcodlóidh tú anocht?
Faoi chosa na mbocht.
Cá gcodlóidh tú amárach?
Faoi chosa Naomh Pádraig.
Céard é sin romhat amach?
Tá, na haingle.
Céard é sin i do dhiaidh aniar?
Tá, na haspail.
Céard é sin ar do ghualainn dheas?
Tá, trí bhraon d'uisce an Domhnaigh
a chuir Muire liom ag déanamh eolais
ó thigh Phádraig go tigh Pharthais.
Bríd agus a brat, Micheál agus a sciath,
dhá láimh gheala, ghléigeala Mhic Dé
ag cumhdach an tí agus a mbaineann linn arís go maidin.

The bright prayer (1)

God bless you, Bright Prayer,
God and Mary bless you.
Where did you sleep last night?
Under God's feet.
Where will you sleep tonight?
Under the feet of the poor.
Where will you sleep tomorrow?
Under the feet of Saint Patrick.
What is that before you?
They are the angels.
What is that behind you?
Those are the apostles.
What is that on your right shoulder?
Those are three drops of Sunday water
that Mary sent with me to guide me
from Patrick's house to the house of Paradise.
Bríd and her cloak, Michael and his shield,
the two bright hands of the Son of God
protect this house and all that belong to us until morning.

3. An phaidir gheal (2)

Impí a chuirimse chugatsa, a Mhichíl Naofa
agus chun na Maighdine Muire atá ag coinnleacht a hAonMhic,
chun an Rí úd a bhí Dé hAoine á chéasadh,
chun ord, chun aingeal, chun aspal na gcléireach,
go labhra an Spiorad Naomh inár gcroí is inár n-éisteacht,
is gach achainí mhaith a iarrfaimid, Dia á réiteach.
Tabhair dúinn deoch de thobar na daonnachta
Nó braon den uisce a shil as do thaobh dheas,
Mar is mise an chaora úd a díbríodh ón tréada
Agus is mise a thuill sin. Ó a Chríost, ná daor sinn!
Táimid ag filleadh arís ort is ár leas go ndéanaimid,
Le croí glan, le grá duit féin,
Le grá gan bhuairt, gan fuath d'éinne,
Le croí gan phoimp ná suim sa saol seo.
Nár fhaighimid bás agus nár fhágaimid an saol seo
Chun go ndéanfaimid aithrí inár bpeacaí le chéile,
Aithrí gan faillí le daonnacht,
Faoistin ghlan agus an Corp Naofa,
agus Flaithis Dé go dtuga Dia dúinn mar luach saothair.

The bright prayer (2)

A petition I send to you, holy Michael,

and to the Virgin Mary who is protecting her Only Son,

to that King who was crucified on Friday,

to orders of angels, to apostles of the clergy,

that the Holy Spirit may speak in our hearts and in our hearing

and that God may grant every good request we make.

Give us a drink from the well of humanity

or a drop of the water that flowed from your right side,

for I am the sheep that was expelled from the flock

and I was one who deserved that. O Christ, do not condemn us!

We are returning to you and may we do good

with a clean heart, with love for you,

with love without sorrow, without hatred for anyone,

with a heart without pomp or interest in this life.

May we not die nor leave this world

until we do penance for our sins together,

a penance without omission and with kindliness,

a good confession and the Holy Body, and may God give us Heaven as our reward.

4. *Paidir an tSéipéil*

Beannaím duit a Theampaill Dé,
Agus go mbeannaí tú féin dom,
Mar shúil is go mbeidh an dá aspal déag
Ag guí orm féin inniu.
Íslím ar mo ghlúin dheas don Ard-Rí,
Agus ar mo ghlúin chlé don Spiorad Naomh,
Mar shúil go dtógfainn a mbeidh romham is i mo dhiaidh
Ó leac na bpian agus Amen ina dhiaidh.

The Chapel Prayer

I salute you, Church of God,
and may you salute me,
hoping that the twelve apostles
pray for me today.
I bend my right knee for the High King
and my left knee for the Holy Spirit,
hoping that I will take all before me and all behind me
from the flag of pains and Amen after that.

5. *A Rí an Domhnaigh*

A Rí an Domhnaigh, tar le cabhair chugam
is fóir in am ón bpéin mé.
A Rí an Luain ghil, bíse buan liom
is ná lig uaitse féin mé.
A Rí na Máirte, a chroí na páirte,
déan díonadh Lá an tSléibhe dhom.
A Rí na Céadaoine, ná fulaing i ngéibhinn mé,
cé fada óm' chaoimhghin féin mé.

A Rí na Déardaoine, maith dhúinn ár bpeacaíne,
cé rinne do dhlí a réabadh.
A Rí na hAoine, ná coinnigh cuimhne
ar ár ndrochghníomhartha baotha.
A Rí an tSathairn, go síoraí achainím,
mé a thabhairt thar Acharon caorthainn,
faoi dhíon do thearmainn, trí ríocht an Aifrinn,
suas go Parthas naofa.

King of Sunday

King of Sunday, come to me with help
and save me in time from pain.
King of Monday, be always with me
and don't let me go.
King of Tuesday, generous heart,
protect me on the Last Day.
King of Wednesday, don't leave me in captivity,
though I may be far from my own gentle people.

King of Thursday, forgive us our sins,
although we broke your law.
King of Friday, do not remember
our evil and foolish misdeeds.
King of Saturday, I constantly implore you
to bring me over raging Acheron,
to the protection of your sanctuary, through the kingdom of the
Mass,
up to holy Paradise.

6. Fáilte an Domhnaigh

Fáilte an Domhnaigh
I ndiaidh na seachtaine
Lá breá saoire
A d'ordaigh Críost dúinn
Lenár n-anam a dhéanamh.

Corraigh do chos go moch chun Aifrinn
Corraigh do bhéal ar na briathra beannaithe,
Corraigh do mhéara ar shlabhra an anama.
Oscail do chroí agus scaoil an ghangaid as,
Breathnaigh suas ar Mhac na Banaltra,
Ós é féin is fearr a cheannaigh sinn.

Crann díreach duilliúrach glas
Ar crochadh Críost faoina bhun,
Fillimid ort arís a chrois,
Fillimid ort arís le fonn.

Welcome to Sunday

Welcome to Sunday
after the weekdays,
a fine holiday Christ ordained
for us to pray.

Move your foot early to Mass,
move your lips on the blessed words,
move your fingers on the chain of the soul.
Open your heart and loosen the bitterness,
look up at the Son of the Nurse,
as he is the one who best redeemed us.

A straight, leafy, green tree
under which Christ was hanged,
we return to you again, o cross,
we return with joy.

7. Sláinte

Sláinte an tSáir-Fhir
A leath a ghéaga
Ar chrann na páise
Ag sábháil an chine dhaonna.
Agus sláinte na mná mánla
A rug a Mac gan céile,
Agus sláinte Naomh Pádraig a bheannaigh Éire.

Health

The health of the Perfect Man
who spread his limbs
on the tree of passion
to save the human race.
And the health of the gentle woman
who gave birth to her Son without a spouse,
and the health of Saint Patrick who blessed Ireland.

8. *Umhlaíocht*

Ná hamharc go minic ar do bhróig
Is ná déan stró as do bhrat,
Siúl go huiríseal i ród
Agus beannaigh faoi dhó don duine bocht.

Humility

Don't look often at your shoe
and don't boast about your cloak,
walk humbly along the road
and greet the poor person twice.

9. A Íosa bheannaithe

A Íosa bheannaithe,
bíonn tú i bParthas
ag sábháil ár n-anama,
saor ón bpeaca sinn,
ó smaointe mallaithe,
ó bhás anobann,
ó bhreith damanta.
Chuir tú cith allais díot
i nGairdín na nOlachrann.
Ós tú a cheannaigh sinn,
go mba tú a ghlacfas sinn.

Blessed Jesus

Blessed Jesus,
you who are in Paradise
saving our souls,
save us from sin,
from cursed thoughts,
from sudden death,
from judgement of damnation.
You sweated
in the Garden of Olives.
As you were the one who bought us,
may you be the one who receives us.

10. *Lúireach Phádraig*

Críost liom,

Críost romham,

Críost i mo dhiaidh,

Críost istigh ionam,

Críost fúm,

Críost os mo chionn,

Críost ar mo lámh dheas,

Críost ar mo lámh chlé,

Críost mar a luífidh mé,

Críost mar a suífidh mé,

Críost mar a seasfaidh mé,

Críost i gceann gach duine atá ag cuimhneamh orm,

Críost i mbéal gach duine a labhraíonn liom,

Críost i ngach súil a fhéachann orm,

Críost i ngach cluas a éisteann liom.

St. Patrick's Breastplate

Christ with me,

Christ before me,

Christ behind me,

Christ in me,

Christ below me,

Christ above me,

Christ on my right hand,

Christ on my left hand,

Christ where I lie,

Christ where I sit,

Christ where I stand,

Christ in the head of everyone who thinks of me,

Christ in the mouth of everyone who speaks to me,

Christ in every eye that looks at me,

Christ in every ear that listens to me.

11. *Ag Críost an síol*

Ag Críost an síol,
ag Críost an fómhar,
in iothlainn Dé go dtugtar sinn.

Ag Críost an mhuir,
ag Críost an t-iasc,
i líonta Dé go gcastar sinn.

Ó fhás go haois
is ó aois go bás,
do dhá lámh a Chríost anall tharainn.

Ó bhás go críoch
nach críoch ach athfhás,
i bParthas na ngrás go rabhaimid.

Christ's the seed

Christ's the seed,
Christ's the harvest,
may we be brought to God's haggard.

Christ's the sea,
Christ's the fish,
may we be caught in God's nets.

From growth to age
and from age to death,
may your two hands, Christ, stay over us.

From death to end
that is not an end but regeneration,
let us be in the Paradise of grace.

12. *A Íosa, a Mhic Mhuire*

A Íosa, a Mhic Mhuire, a Rí ghil na ríthe,
a Impire an chine dhaonna is a ghrá,
a Chríost mhilis oinigh, a shoilse ler cumadh
Ríocht Neimhe is nithe an tsaoil i dtráth,
díbir ár ndaille, ár mbaois is ár mbuile
choíche as ár gcroíthe, a réiltean na ngrás,
is i d'íospairtse, a Linbh naofa na croise,
cuimhnigh go dtugais saor sinn id' bhás.

Mo sceimhlese an stoirm scíosmhar is an cluiche
claonmhar so a chuir i ndaorbhroid sliocht Ádhaimh.
I do dhlíse do briseadh, a Naomh-Spioraid, do thuilleas
tinte oilc an choire chraosaigh do mo chrá.
A Rí ghil, do rugais Maois leat is a thrúpaí
trí chorp na tuile tréine gan bá;
dá bhrí sin a Chumainn, na Gaeil bhochta coimirc,
is go díograiseach cluthair saor sinn id' bhás.

Jesus, Son of Mary

Jesus, Son of Mary, bright King of kings,
Emperor of the human race and their love,
sweet honourable Christ, o light who created
the Kingdom of Heaven and the things of this world,
banish our blindness, our foolishness and our madness
forever from our hearts, o star of grace,
and by your suffering, holy Infant of the cross,
remember that you freed us by your death.

My terror, the destructive storm
and trouble that condemned Adam's race to dire slavery.
In breaking your law, Holy Spirit, I deserved
the evil fires of the raging cauldron to torment me.
Bright King, you led Moses and his troops
safely through the body of the strong tide;
so, Beloved, protect the poor Gael,
and quietly, fervently, save us by your death.

13. *A Íosa ghlórmhair*

A Íosa ghlórmhair oirirc mhilis,
a leoin chróga, a lóchrainn chuidithe,
a réalt an eolais, seol mé chugat,
déansa treoir dúinn is fóir ár gcoireanna.

Glorious Jesus

Glorious, bright, sweet Jesus,
brave lion, lantern of help,
star of knowledge, direct me to you,
guide us and relieve our sins.

14. Grásta an Spioraid Naoimh

Grásta an Spioraid Naoimh go ngabhaimid,
Agus sa chreideamh fíor go gcónaímid,
Sampla na bhfíréan go leanaimid,
Agus i dteampall Chríost go bhfanaimid.

An Tríonóid shíoraí go n-iarraimid,
Ár ndóchas in Íosa go bhfágaimid
Ar leatrom na mbocht go bhfóirimid
Agus de réir tola Dé go siúlaimid.

The Grace of the Holy Spirit

May we receive the grace of the Holy Spirit
and may we live in the true faith,
may we follow the example of the faithful
and may we stay in the church of Christ.

May we seek the eternal Trinity,
may we place our hope in Jesus,
may we relieve the hardship of the poor
and may we walk according to the will of God.

15. *Is maith an bhean Muire Mhór*

Is maith an bhean Muire Mhór,
Máthair ardrí na slua síor,
Is iad a grása is gnáth lán,
Bean a chuir fál faoi gach tír.

Bean í dá gclaonann ceart,
Bean is mó neart is brí,
Bean is boige faoi ór dearg,
Bean le gcoisctear fearg an rí.

Bean a bheir radharc do dhall,
Bean is treise thall ar neamh,
Bean a thóg mo naimhde díom,
Bean is díon dom ar gach cath.

A good woman is Great Mary

A good woman is Great Mary,
mother of the high king of the eternal host,
she is full of grace,
a woman who put a hedge around each country.

A woman to whom right submits,
a woman of most strength and power,
a woman most generous in red gold,
a woman who prevents the anger of the king.

A woman who gives sight to the blind,
a woman who is strongest in heaven,
a woman who took away my enemies,
a woman who protects me in every battle.

16. *A Mhaighdean ghlórmhar*

A Mhaighdean ghlórmhar, mhómhar, mhaiseach,
Is tú mo lón, mo stór, mo thaisce.
Is tú mo réalt eolais ag dul romham i ngach bealach,
Is ar shliabh na ndeor, go mba tú mo chara.

I nGairdín Pharthais tá an paidrín páirteach
Ag moladh na mná a bhí ariamh gan locht,
A Aon-Mhic Mhuire atá i gcathair na ngrásta
Réitigh gach gá do m'anam bocht.

Déan dom treoir, tá an tóir ar an bpeacach,
Fliuch mo ghrua le grá don athair,
Nigh mo lámha as smál na bpeacaí
Is ar uair mo bháis go n-abraim an phaidir.

O glorious virgin

O glorious, gracious, beautiful Virgin,
you are my sustenance, my store, my treasure.
You are my star of knowledge leading me on my way
and on the mountain of tears may you be my friend.

In the Garden of Paradise the family rosary
praises the woman who was always without fault.
O Son of Mary in the city of grace,
prepare every need for my poor soul.

Give me guidance, the sinner is being hunted,
moisten my cheek with love for the father,
wash my hands of the stain of sin
and may I say the Lord's prayer at the hour of my death.

17. *Fáilte duitse a Mhuire Mhór*

Fáilte duitse a Mhuire mhór,
Fáilte a Mhaighdean shíoraí,
Ar ár ndeacair, a Mhuire, fóir,
A Mhuire, a mháthair Íosa.

A réalt na maidne, a sciath na mbocht,
Is tú, a anamchara, atá gan locht.
Is tú a thug ar ais an bláth
A thit le Éabha in aontráth.

Thóg tú an tUan a shaoraigh sinn,
Bí anois ar uair ár n-éaga linn.
Tabhair dúinne síocháin Dé,
Is caol na glais a cheanglaíos mé.

Greim don bhocht is don dall a shúil,
A mháthair mhuirneach, rí na ndúl.
A scátháin na suáilce, a airc an reachta,
A chathaoir na heagna is na humhlaíochta.

Sábháil sinn ar chéim do Mhic
Ar olc, ar uair éiric.

A réalt na maidne is airde céim
Seachain sinn ar dhubh na bpian.

Go moltar faoi do choimrí
An tAthair, an Mac is an Spiorad Naomh.

Welcome to you, o great Mary

Welcome to you, o great Mary,
welcome eternal virgin,
relieve our hardship, Mary,
Mary mother of Jesus.

Morning star, shield of the poor,
you, soul-friend are without fault.
You are the one who brought back the flower
that once fell with Eve.

You raised the Lamb that freed us,
be with us now at the hour of our death.
Give to us the peace of God,
tight are the locks that bind me.

A mouthful for the poor and for the blind his eye,
beloved mother of the king of the elements.
Mirror of virtue, ark of the covenant,
seat of wisdom and of humility.

Save us at the step of your Son
from evil, from retribution.
Most high star of the morning,
save us from the blackness of pain.

Praise under your protection
to the Father, the Son and the Holy Spirit.

18. *Go mbeannaí Muire*

Go mbeannaí Muire
agus go mbeannaí Dia thú.
Go mbeannaí na haspail
agus na naoimh thú.
Go mbeannaí an ghealach gheal
agus an ghrian thú.
Go mbeannaí an fear thoir
agus go mbeannaí an fear thiar thú
agus go mbeannaím féin
i ndeireadh thiar thú.

May Mary bless you

May Mary bless you
and may God bless you.
May the apostles bless you
and may the saints bless you.
May the bright moon bless you
and may the sun bless you.
May the man in the east bless you
and may the man in the west bless you
and may I bless you
at the very end.

19. *A Mhuire na ngrás*

A Mhuire na ngrás,
A Mháthair Mhic Dé,
Go gcuire tú
Ar mo leas mé.

Go sábhála tú mé
Ar gach uile olc;
Go sábhála tú mé
Idir anam is corp.

Go sábhála tú mé
Ar muir is ar tír;
Go sábhála tú mé
Ar leic na bpian.

Garda na n-aingeal
os mo chionn;
Dia romham
Agus Dia liom.

Mary full of grace

Mary full of grace,
Mother of God,
guide me
on the right path.

May you save me
from every evil;
may you save me,
body and soul.

May you save me
at sea and on land;
may you save me
from hell.

A guard of angels
over me;
God before me
and God with me.

20. *Dia do bheatha, a naí naomh*

Dia do bheatha, a naí naomh,
Sa mhainséar, cé tá tú bocht,
Meidhreach saibhir atá tú,
Is glórmhar i do dhún féin anocht.

A naí bhig atá mór,
A linbh óig atá sean,
Sa mhainséar níor chuir a lán
Cé nach bhfaighidh áit ar neamh.

Daoibh gan aon mháthair ariamh
Gan athair ar ndóigh anocht,
I do Dhia ariamh atá tú
Is i do dhuine ar dtús anocht.

Ní sine a hathair ná sibh,
Óige an mháthair a mhic Dé,
Is sine is is óige an mac,
Is is sine is is óige í ná é.

Hail O holy Infant

Hail o holy infant,
in the manger now so poor,
yet so rich and glorious
you are in your own refuge tonight.

Little infant who are so great,
child so young who are so old,
so little room in the manger
although heaven might not hold him.

For you, without mother ever,
without father surely tonight,
you are forever God,
and man for the first time tonight.

Her father is not older than you,
younger the mother o son of God.
Older and younger is the son,
older and younger she than he.

21. *Is beannaithe an nóiméad*

Is beannaithe an nóiméad a rugadh Mac na hÓighe i meán oíche
i mBeithil i lár an gheimhridh ghairbh.

Deonaigh, a Íosa, trí bhrí agus onóir do Mháthar rónaofa, ár saol,
ár sláinte agus ár neart a chaitheamh i do sheirbhís bheannaithe,
tríd an Slánaitheoir naofa agus a Mháthair Bheannaithe ag treisiú
go glóir na bhFlaitheas.

A Naíonáin uasail bheannaithe, déan trócaire orainn.

Blessed is the moment

Blessed is the moment when the son of the Virgin was born at
midnight in Bethlehem in the heart of the rough winter.

Grant, o Jesus, through the power and the honour of your most
blessed Mother, that we spend our life, our health and our
strength in your blessed service, through the holy Saviour and his
Blessed Mother, reaching for the glory of Heaven.

O noble, blessed Infant, have mercy on us.

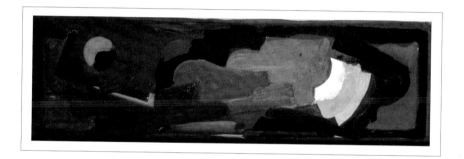

22. *Seacht gcéad fáilte*

Seacht gcéad fáilte naoi n-uaire agus fiche
roimh Mhac Dé na Glóire agus na Maighdine Muire,
gur thuirling ina broinn órga ina Dhia agus ina dhuine,
is gur Oíche Nollag Mór a rugadh Rí ceart na cruinne.

Mo ghrá an Mhaighdean ghlórmhar, is í Banríon Fhlaitheas Dé,
Do rugadh ina haingeal agus baisteadh ina naomh.
Níor dhein sí riamh peaca agus ní fheadair cad é,
Gur thuirling ina gealbhroinn chuici Mac dílis Dé.

D'ardaigh an Mhaighdean Ghlórmhar an Leanbh Íosa chun
   leapa.
Ní raibh róbaí aici ina thimpeall ná síoda mar bhrat,
Sa mhainséar nuair a síneadh Rí geal na n-aingeal,
Ní raibh éinne á choinnleacht ach an bhó agus an t-asal.

M'achainí go crua chugat a Rí uasail an tsolais
A céasadh Dé hAoine agus fuil do chroí leat ina shrutha,
Go dtógair chugat féin sinn mar ar thógais Dáth Rí mac Solaim
Go cúirt gheal na glóire chun bheith go deo do do mholadh.

Seven hundred welcomes

Seven hundred welcomes, nine times and twenty,
to the Son of God of Glory and the Virgin Mary,
in whose golden womb he descended as God and as man
and the King of the world was born on Christmas night.

My love is the glorious Virgin, Queen of God's heaven,
who was born as an angel and baptised as a saint.
She never sinned nor knew sin,
so that the dear Son of God descended into her bright womb.

The Glorious Virgin raised Jesus to the bed.
She had no robes to put around him, nor silk cloths.
When the bright King of the angels was laid in the manger,
there was no-one to watch over him but the cow and the ass.

My earnest request to you, o noble King of light
who was crucified on Friday and whose blood flowed in streams,
may you take us to yourself as you took King David son of
    Solomon,
to the bright court of glory to praise you for ever.

23. *Caoineadh na dTrí Mhuire*

A Pheadair, a aspail, an bhfaca tú mo Ghrá geal?
Ochón agus ochón ó!
Chonaic mé ar ball é i lár a namhad.
Ochón agus ochón ó!

Gabhaigí i leith a dhá Mháire, go gcaoine sibh mo Ghrá geal.
Ochón agus ochón ó!
Céard atá le caoineadh againn mura gcaoinfimid a chnámha?
Ochón agus ochón ó!

Cé hé an fear breá sin ar chrann na Páise?
Ochón agus ochón ó!
An é nach n-aithníonn tú do Mhac a Mháithrín?
Ochón agus ochón ó!

An é sin an Maicín a d'iompair mé trí ráithe?
Ochón agus ochón ó!
Nó an é sin an Maicín a rugadh sa stábla?
Ochón agus ochón ó!

Nó an é sin an Maicín a hoileadh in ucht Mháire?
Ochón agus ochón ó!

Nó an é sin an casúr a bhuail tríot na tairní?
Ochón agus ochón ó!

Nó an í sin an tsleá a chuaigh trí do lár geal?
Ochón agus ochón ó!
Nó an í sin an choróin spíonta a chuaigh trí do mhullach álainn?
Ochón agus ochón ó!

Muise, éist a Mháithrín is ná bí cráite
Ochón agus ochón ó!
Tá mná mo chaointe le breith fós a Mháithrín,
Ochón agus ochón ó!

A Bhean atá ag gol de bharr mo bháis-se,
Ochón agus ochón ó!
Beidh na céadta inniu i ngairdín Pharthais,
Ochón agus ochón ó!

The lament of the Three Marys

O Peter, apostle, did you see my Love? I saw Him a while ago, amongst his enemies.

Come, you two Marys, to lament my Love. What have we to lament, but his bones?

Who is that fine man on the cross of the Passion? Do you not recognise your Son, mother?

Is that the little Son I carried for nine months? Is that the little Son who was born in the stable?

Or is that the little Son who was raised at Mary's breast? Or is that the hammer that struck the nails into you?

Or is that the bright spear that went right through you? Or is that the crown of thorns that went through your beautiful head?

Hush now, little Mother and do not grieve. Women who will lament me are yet to be born, little Mother.

O Woman who is weeping because of my death, hundreds will go into the garden of Paradise today.

24. *Cúig chneá Chríost*

I gcuimhne an allas fola a chuir tú sa ghairdín naofa,

agus na gcúig mhíle buille a buaileadh ar d'easnacha, a Íosa,

i gcuimhne an philéir cloiche ar ceanglaíodh tú de phosta na daoirse,

nuair a bheas snátha na beatha críochnaithe, tabhair dúinn i do chneácha dídean.

I gcuimhne na léine róin a cuireadh ar do cholainn naofa,

agus na cordaí a cheangail do lámha is do chuid fola ina róda síos leat,

agus i gcuimhne na sciúirsíl luaidhe a bhí do do bhualadh go cráite,

cuir claíomh an díoltais i bhfolach agus lig sinn faoi do bhratach, a Rí na ngrásta.

I gcuimhne an phúicín éadaigh a cuireadh ar d'éadan naofa

agus an chulaith amadáin a ghléastaí as éifeacht spíde ort,

i gcuimhne na croiche céasta a bhí tú a iompar in éadan míle,

ná lig sinn go taobh na cléithe, as ucht an Aon-Mhic Íosa.

I gcuimhne na dtairní maola a bhí á mbualadh i gcroí do chos agus do lámh

agus an choróin spíonta a chuaigh ar do cheann ag tabhairt

farasbarr bás duit,

i gcuimhne na géarlainne líofa a chuaigh i do chroí bocht sáite,

tabhair dúinn an aithrí le déanamh agus do choimirce, a Rí na ngrásta.

I gcuimhne na mionnaí éithigh a bhí in éadan an Aon-Mhic Íosa,

smugairle agus cladach in éineacht a buaileadh ar d'éadan naofa,

ó fuair tú bás agus céasadh agus gur fhulaing tú an méid sin daoirse,

saor sinn ó pheaca an tsaoil seo in onóir chúig chneá Chríost.

The five wounds of Christ

In memory of the blood you sweated in the holy garden
and the five thousand strokes on your ribs, Jesus,
in memory of the stone pillar where you were bound to the stake
of slavery,
when the thread of life has run out, give us shelter in your
wounds.

In memory of the hairshirt that was put on your sacred body
and of the cords which tied your hands and your blood pouring
down,
and in memory of the scourging with lead that tormented you,
hide the sword of revenge and let us shelter under your cloak, o
King of grace.

In memory of the blindfold that was put on your sacred face
and of the fool's motley that was put on you to disparage you,
in memory of the cross of crucifixion that you carried for a mile,
do not let us go to the stake for the sake of the only Son, Jesus.

In memory of the bare nails that were struck into your feet and
hands
and of the crown of thorns that went on your head bringing you
close to death,

in memory of the sharp smooth blade that was stuck into your poor side,

give us the penance we should do and your protection, o King of grace.

In memory of the sworn lies against Jesus, the only Son,

spittle and mud that spattered your holy face,

since you died and were crucified and you suffered so much oppression,

free us from the sin of this world in honour of the five wounds of Christ.

25. *Fáilte an Linbh Íosa*

Seacht gcéad déag míle fáilte naoi n-uaire is fiche
Roimh Mac Dé na Glóire is na Maighdine Muire,
A thuirling ina broinn ghlórmhar ina Dhia is ina Dhuine
Is gurb í oíche Nollag móire a rugadh Rí ceart na Ríthe.

Is ocht lá ina dhiaidh sin sea glaoitear Lá Coille air,
I dTeampall na Tríonóide sea doirteadh an fhuil mhilis,
Á chur in iúl dóibh siúd gur scéal é a bhí chuige,
A bheith ag fulaingt na daorpháise is ag iompar na Croise.

Mo ghrása an Mhaighdean ghlórmhar, is í banríon Flaithis Dé,
A rugadh ina haingeal is a baisteadh ina naomh;
Níor dhein sí ariamh peaca ná ní fheadair cad é,
Is gur thuirling ina broinn chuici Mac dílis Dé.

Mo ghrása an Mhaighdean ghlórmhar, is í an Mhaighdean
chumhachtach rógheal,
A dhá bais aici á bpléascadh is a deora ina bhfuil,
Nuair a dhorchaigh na spéartha is an ghrian gheal gur dhuibh,
Do bhí Mac Dé na Glóire sa chrann gan aon choir.

Is é Mac Dé na Glóire mo stórsa gan dabht,

Le mo chroí is le m'anam is níl ionadh orm ann
Mar do shil sé an fhuil chéasta ár saoradh ar an gcrann
An tsleá nimhe ina chroí is an choróin spíon ar a cheann.

Nuair a d'ardaigh an dream cíordhubh an leanbh Íosa chun
    leapa,
Clár comhrann ní raibh ina thimpeall, síodaí ná brata;
Sa chré bhuí nuair a síneadh mínchneas Rí na nAingeal
Gur éirigh an mhórliag úd suas díreach ina seasamh.

Is go bhfanfaidh sa chló céanna go ndéanfaidh an spéir lasadh,
Go n-osclóidh na tuamaí is go n-éireoidh na mairbh,
Go seinnfear an ceol trumpa go dianmhoch ar maidin,
Is go mbeidh an Rí ceart ár n-éisteacht ar thaobh cnoic Lá an
    Chatha.

A Chríostaithe an tsaoil seo, déanaigí bhur n-anam,
Goiligí go crua is buailigí bhur mbasa,
Ná díolaigí bhur dTiarna ar ór buí ná ar rachmas,
Mar níl sa saol seo ach sceo beag seachas glóire na bhFlaitheas.

Welcome to the infant Jesus

Seventeen hundred thousand welcomes nine times and twenty
to the glorious Son of God and the Virgin Mary
who descended into her womb as God and Man
and was born the King of Kings on Christmas night.

And eight days later, which is called the day of circumcision,
sweet blood flowed in the Temple of the Trinity
which foretold that his story would be of severe suffering
and the carrying of the Cross.

My love is the glorious Virgin, queen of God's heaven,
who was born an angel and baptised a saint;
she never sinned, nor knew what that was,
and the Son of God descended into her womb.

My love is the glorious Virgin, the powerful, bright Virgin,
her two palms beating and her tears like blood,
when the skies darkened and the sun became black
and the innocent, glorious Son of God was crucified.

I love the glorious Son of God surely,
with my heart and soul, and no wonder

for He spilled his blood while redeeming us on the cross,
the poison spear in his heart and the crown of thorns on his head.

When the black-crested ones lifted the Infant Jesus to bed,
he had no coffin, silks or covers;
when the sweet body of the King of Angels was laid in the yellow
    earth,
the great stone rose and stood upright.

And he will stay in that form until the sky lights up,
until the tombs open and the dead arise,
until the trumpet music sounds at daybreak
and until the true King hears us on a hillside on the day of
    judgement.

O Christians of this world, repent,
weep and clap your hands,
do not sell your Lord for gold or riches
because this life is just a small cloud beside the glory of Heaven.

26. *Ar éirí dom ar maidin*

Ar éirí dom ar maidin, screadaim agus glaoím ort,
A Aon-Mhic bheannaithe a cheannaigh go daor sinn.
Cuirim coimrí m'anama ort faoi bhrat do scéithe
mise a thabhairt saor ón bpeaca i gcaitheamh an lae seo.

Agus nuair a éirím ar maidin in ainm an Aon-Mhic,
In ainm an Té a cheannaigh go daor sinn,
Cuirim coimrí m'anama ort faoi bhrat do scéithe
mo choinsias a ghlanadh ón uile smúit pheaca.

Agus mé a bheith síochánta carthanach i measc na gcomharsan
Go dtuga Dia cabhair agus cúnamh i gcónaí dom
agus solas na bhFlaitheas ar feadh na síoraíochta.
Grásta chugamsa is cabhair agus dealbh go deo ná rabhad.

Cabhair agus grásta agus cairde ó Dhia chugam,
cabhair gach uile lá agus táim féin á iarraidh,
sacraimint na haithrí – go neartaí Dia mé
agus coimrí m'anama ort, a Mhuire Bhantiarna.

On rising in the morning

On rising in the morning, I cry to you and call you,
blessed only Son who bought us dearly.
I place the protection of my soul under the cloak of your shield
to keep me free from sin during this day.

And when I rise in the morning, in the name of the only Son,
in the name of the One who bought us dearly.
I place the protection of my soul under the cloak of your shield
to clean my conscience from every stain of sin.

And to be peaceful and charitable amongst the neighbours
may God always help me
and give me the light of Heaven for eternity.
May I have grace and help and may I never be destitute.

May I have help and grace and respite from God,
help every day is what I am asking,
the sacrament of penance – may God strengthen me
and the protection of my soul with you, Lady Mary.

27. *Éirím suas le Dia*

Éirím suas le Dia,
Go n-éirí Dia liom.
Lámh Dé i mo thimpeall,
Ag suí is ag luí
Is ag éirí dom.

I rise with God

I rise with God,
may God rise with me.
God's hand about me
as I sit, as I lie
and as I rise.

28. *An Té a thug saor ón oíche sinn*

An Té a thug saor ón oíche sinn go dtuga sé saor sábháilte ón lá sinn, le toil Íosa Críost agus na Maighdine Muire, sinn féin agus a bhfuil againn istigh agus amuigh, thall agus abhus, i ngach aon áit a bhfuil siad. Tabhair saor sábháilte sinn féin agus a bhfuil againn idir dhuine agus bheithíoch.

Iarraim ar Dhia agus ar an Maighdean Muire sinn féin agus ár leanaí go léir agus gach aon atá ag dul ar strae a chur ar a leas agus ar staid na ngrásta agus ar shlí na fírinne, i ngrá Dé agus na gcomharsana.

The One who brought us safely from the night

May the One who brought us safely from the night bring us safely from the day, Jesus Christ and the Virgin Mary willing, ourselves and all that we have inside and outside, far and near, everywhere they are. Keep us free and safe, ourselves and all that we have, both people and animals.

I ask God and the Virgin Mary to set ourselves and all our children and everyone who is going astray, on the right course and keep us in the state of grace and on the way of truth, in the love of God and of the neighbours.

29. *Gníomh Dé go ndéana mé*

Gníomh Dé go ndéana mé,
Grua Dé go bhfeice mé,
Mo lochtaí féin go smachtaí mé,
Riail ar mo theanga go gcoinní mé.
Páis Chríost go smaoiní mé air
agus bás Chríost go saothraí mé,
Ceol na naomh go gcluine mé
agus glóire na bhflaitheas go bhfeice mé.

May I do God's deed

May I do God's deed,
May I see God's face,
May I control my faults,
May I keep a guard on my tongue.
May I think of Christ's passion
and may I deserve God's death.
May I hear the music of the saints
and may I see the glory of heaven.

30. *A Athair shíoraí na daonnachta*

A Athair shíoraí na daonnachta a thug solas an lae dúinn, ár radharc agus ár n-éisteacht agus ár mbaill bheatha le chéile, go dtuga tú cion Críostaí agus dea-Chríostaí de ghrásta agus de thrócaire dár n-anam agus don chine daonna.

Dia dár gcoimeád agus Dia dár dteagasc, Dia dár seoladh ar bhóthar ár leasa.

Achainí a chuirim chugat ó chroí, a Mháthair Íosa, tú a theacht dár ndíon.
A Bhanríon Bheannaithe Flaithis Dé, faigh m'anam ó do mhac saor.

Eternal Father of humanity

Eternal Father of humanity who gave us the light of day, our sight, our hearing and all our faculties, may you give to our souls and to the human race a Christian, and a good Christian's share of grace and mercy.

May God keep us and teach us and set us on the right course.

A petition I send you from my heart, Mother of Jesus, is that you come to our home. Blessed Queen of God's Heaven, ask your Son to free my soul.

31. *Tógfaidh mé mo thine inniu*

Tógfaidh mé mo thine inniu
i láthair aingeal naofa neimhe,
i láthair Airíl is áille cruth, i láthair Uiríl na n-uile scéimh,
gan fuath, gan tnúth gan formad,
gan eagla gan uamhan neach faoin ngréin
agus Naomh-Mhac Dé do mo thearmann.
A Dhé, adaigh féin i mo chroí istigh aibhleog an ghrá
do mo namhaid, do mo ghaol, do mo charaid,
don saoi, don daoi, don tráill,
a Mhic Mhuire mhín ghil,
ón ní is ísle crannchuir
go dtí an t-ainm is airde.

I will build my fire today

I will build my fire today
in the presence of the holy angels of heaven,
in the presence of Ariel of most beautiful shape, and Oriel of
every beauty, without hatred, envy or rivalry,
fear or terror of anyone under the sun,
and the Holy Son of God as my sanctuary.
O God, kindle in my heart the ember of love
for my enemy, for my relative, for my friend,
for the wise one, the foolish one, the wretched one,
o gentle, bright Son of Mary,
from the lowliest thing
to the highest name.

32. Ag bleán bó

Go mbeannaí Muire is go mbeannaí Dia thú,
Go mbeannaí an ghealach is go mbeannaí an ghrian thú,
Go mbeannaí an fear soir is go mbeannaí an fear siar thú
Is go mbeannaím féin ar deireadh thiar thú.

While milking a cow

May Mary bless you and may God bless you,
may the moon bless you and may the sun bless you,
may the man going east and the man going west bless you
and may I myself bless you in the end.

33. *Ag déanamh aráin*

Rath Dé agus bail Phádraig ar a bhfeicfidh mé agus ar a nglacfaidh mé. An rath a chuir Dia ar na cúig aráin agus ar an dá iasc, go gcuire Sé ar an mbeatha seo é.

While making bread

The grace of God and the prosperity of Patrick on all that I will see and all that I will receive. The grace that God bestowed on the five loaves and on the two fishes, may He bestow on this food.

34. *Ag dul amach ag obair*

Seacht bpaidreacha faoi seacht
Chuir Muire dá mac,
Chuir Bríd faoina brat,
Chuir Micheál faoina sciath,
Chuir Dia faoina neart,
Idir mé agus uisce mo mhúchta,
Idir mé agus uisce mo bháite,
Idir mé agus bás bíoga,
Idir mé agus gaoth na gcnoc,
Idir mé agus droch-chroíthe,
Agus drochshúile na ndaoine.
Le mo chumhdach, le mo shábháil,
Le mo chosaint agus le mo ghardáil.

Going out to work

Seven times seven prayers
Mary offered for her son,
Bríd put under her cloak,
Michael put under his shield,
God put under his strength,
between me and the water that would smother me,
between me and the water that would drown me,
between me and sudden death,
between me and the wind of the hills,
between me and the evil hearts
and the evil eyes of people,
to protect me, to save me,
to defend me and to guard me.

35. *Bail na gcúig arán agus an dá iasc*

Bail na gcúig arán agus an dá iasc
mar a roinn Dia ar an gcúig mhíle fear.
Rath ón rí a rinne an roinn
Go dtige sé ar ár gcuid is ar ár gcomhroinn.

As God shared the five loaves of bread and the two fish

As God shared the five loaves of bread and the two fish
among five thousand people,
may the grace of the king who shared thus
come on our food and on our partaking.

36. *Beannaigh sinn, a Dhia*

Beannaigh sinn, a Dhia,
Beannaigh ár mbia agus ár ndeoch,
Ós tú a cheannaigh sinn go daor
Agus saor sinn ó olc;
Agus mar a thug tú an chuid seo dúinn,
Go dtuga tú dúinn ár gcuid den ghlóir shíoraí.

Bless us, o God

Bless us, o God,
bless our food and our drink,
you who redeemed us
and free us from evil:
and as you gave us this portion,
may you give us our portion of everlasting glory.

37. Beannaigh, a Thiarna

Beannaigh, a Thiarna, sinne agus an bia seo atáimid chun a chaitheamh chun ár neartaithe.

Bless us, o Lord

Bless us, o Lord, and bless this food that we are about to eat to strengthen us.

38. *Beannaigh, a Thiarna, an bia seo*

Beannaigh, a Thiarna, an bia seo atáimid chun a chaitheamh, ag iarraidh ort, a Dhia, é a dhul chun maitheasa dúinn idir anam agus chorp, agus má tá aon chréatúr bocht ag gabháil an bhóthair a bhfuil tart nó ocras air, go seola Dia isteach chugainn é chun go mb'fhéidir linn an bia a roinnt leis mar a roinneann Sé na suáilcí linn go léir.

Bless, o Lord, this food

Bless, o Lord, this food we are about to eat. We ask you, God, that it will benefit us in body and soul, and if there is any poor creature walking the road who is thirsty or hungry, may God send him here to us so that we may share our food with him as He shares blessings with all of us.

Altuithe tar éis bia
Grace after meals

39. *An Té a thug an bia seo dúinn*

An Té a thug an bia seo dúinn, go dtuga Sé dúinn an bheatha shíoraí.

The One who gave us this food

May the One who gave us this food give us also eternal life.

40. *Na trí arán ar na trí iasc*

Na trí arán ar na trí iasc,
na trí mhíle fairsinge úd a roinn Dia,
grásta do bheo agus trócaire do mhairbh,
altaím, bheirim céad buíochas agus altú leat, a Shlánaitheoir.

The three loaves and the three fishes

The three loaves and the three fishes,
those three thousand God shared with,
grace for the living, mercy for the dead,
I give thanks, I give a hundred thanks to you, Saviour.

41. *Dia, sagart glórmhar*

Dia, sagart glórmhar na síochána a cheannaigh sinn, a chruthaigh sinn, a thug dúinn anois láithreach sásamh corpartha, go raibh eadrainn go síoraí.

God, glorious priest

O God, glorious priest of peace who redeemed us, who created us, who just now gave us bodily satisfaction, may you be among us forever.

42. *Míle buíochas duit, a Thiarna Dia*

Míle buíochas duit, a Thiarna Dia;
an té a thug an bheatha seo dúinn
go dtuga sé an bheatha dár n-anam.
más fearr atáimid inniu,
go mba seacht bhfearr a bheas muid bliain ó inniu,
ár gcuid agus ár ndaoine
slán i ngrá Dé agus i ngrá na gcomharsan,
i dtrócaire agus i ngrásta,
i saol agus i sláinte.

A thousand thanks to you, Lord God

A thousand thanks to you, Lord God;
may the one who gave us this food
give us food for our souls.
If we are well today,
may we be seven times better a year from today,
our portion and our people
safe in the love of God and of our neighbour,
in mercy, in grace,
in life and in health.

43. *Ag cóiriú na leapa*

Cóirím an leaba seo
In ainm an Athar, an Mhic agus an Spioraid Naoimh,
In ainm na hoíche a gineadh sinn,
In ainm na hoíche a rugadh sinn,
In ainm an lae a baisteadh sinn,
In ainm gach oíche, gach lá, gach aoin,
Gach aingil dá bhfuil sna flaithis.

While making the bed

I make this bed
in the name of the Father, the Son and the Holy Spirit,
in the name of the night we were conceived,
in the name of the night we were born,
in the name of the day we were baptised,
in the name of every night, every day, everyone,
every angel that is in heaven.

44. *Ag dul amach nó ag taisteal*

Go mba ar choimrí Dé agus na Maighdine Muire thú, Naomh Iósaef, Mac Duach agus Mac Dara agus Naomh Peadar do do thabhairt abhaile slán.

Going out or travelling

May you be protected by God and the Virgin Mary, and may Saint Joseph, Mac Duach and Mac Dara and Saint Peter bring you safely home.

45. *Tar éis teacht saor ó bhuairt*

Moladh go deo leat, a Shlánaitheoir a rug saor mé ón mbuairt seo, ar a shon nach fiú mé go gcuirfeá rath ná séan orm. Míle glóir leat ar son do mhórthrócaire.

After being freed of sorrow

Praise to you forever, O Saviour who brought me free from this sadness, although I am not worthy that you might make me happy or prosperous. Glory to you a thousand times for your great mercy.

Ag dul thar reilig
Going by a graveyard

46. *Go mbeannaí Dia daoibh*

Go mbeannaí Dia daoibh a fhoireann,
go mbeannaí Dia daoibh agus Muire.
Bhí sibhse tamall mar atá sinne,
beimidne fós mar atá sibhse.
Go rabhaimid go léir faoi mhaise
ag Rí geal na cruinne.

God bless you

God bless you, people,
God and Mary bless you.
You were for a while as we are
and we will yet be as you are.
May we all prosper
under the bright king of the world.

47. *Beannaím daoibh*

Beannaím daoibh, a fhíréin Chríost, atá anseo ag feitheamh le haiséirí Chríost, an té a fuair bás ar bhur son. Go dtuga Sé daoibh an bheatha shíoraí inniu.

I greet you

I greet you, Christ's faithful people, who wait here for the resurrection of Christ, the one who died for you sake. May He give you eternal life today.

48. *Le linn leanbh a chur a chodladh*

Dia do do bheannú a linbh.
Cuirim thú ar dhíon Mhuire agus a Mic,
ar dhíon Bhríde agus a brait,
agus ar dhíon Dé duit anocht.

Ar d'éirí go mba héirí slán duit,
as do chodladh go dtuga Dia do shláinte.

While putting a child to sleep

God bless you, child.
I put you under the protection of Mary and her Son,
the protection of Bríd and her cloak,
and the protection of God, tonight.

May you rise safely
and from your sleep may God give you health.

49. *Coiglím an tine seo*

Coiglím an tine seo
Mar a choigil Críost cáidh,
Muire i mullach an tí
Agus Bríd ina lár.
An t-ochtar ainglí is tréine
I gcathair na ngrás
Ag cumhdach an tí seo
Is a dhaoine a thabhairt slán.

I save this fire

I save this fire
as holy Christ saved it,
Mary at the top of the house
and Bríd in its middle.
The eight strongest angels
in the city of grace
protect this house
and its people.

50. *A Íosa féach orainn*

A Íosa féach orainn, a Íosa fóir.

A Shlánaitheoir is a Dhia dhil, déan díon dár n-anam go léir.

Díbir na drochsmaointe is na peacaí as ár mbéal

Sara sínfear sinn síos sa leaba bheag chaol.

A Rí na n-aingeal is a chara na gcruabhochtán,

A Mhichíl naofa ardaingeal, bí farainn ag uair ár mbáis.

Cabhair is cairde is grása ó Dhia chugainn,

A chabhair gach lá atáimid a iarraidh;

Sacraimint na haithrí, go neartaí linn,

Is m'anam faoi do choimirce, a Mhaighdean an Tiarna.

Luímid faoi d'ainm, a Mhaighdean ghlórmhar,

A mháthair Dé, a réaltán eolais,

A bhanríon na n-aspal, freagair is fóir sinn,

Is beir leat ár n-anam go cathaoir na glóire.

Déirc an Spioraid Naoimh inár gcroí is inár mbriathra,

Is gach ní a iarraimid, Dia á réiteach.

Jesus, look at us

Jesus, look at us, Jesus help.

Dear Saviour and God, make a shelter for all our souls.

Banish the bad thoughts and the sins from our mouths

before we are laid down in the small, narrow bed.

King of the angels and friend of the very poor,

holy Michael archangel, be with us at the hour of our death.

Help and relief and grace from God to us,

we ask for his help each day;

may the sacrament of penance strengthen us,

and my soul under your protection, o Virgin of the Lord.

We lay under your name, o glorious Virgin,

Mother of God, star of knowledge,

queen of the apostles, answer and help us,

and take our souls with you to the seat of glory.

The charity of the Holy Spirit in our hearts and in our words,

and everything we ask, may God resolve it.

51. *Ag dul chun na leapa*

Ceithre choirnéal ar mo leaba,
Ceithre aingeal orthu scartha;
Má fhaighim bás as seo go maidin
Go mba i bhflaitheas a bheas mo leaba.

On going to bed

Four corners on my bed,
four angels on them spread;
if I die before morning,
may my bed be in heaven.

52. *Ceithre phosta ar mo leaba*

Ceithre phosta ar mo leaba,
Ceithre aingeal orthu scartha,
Matha, Marcas, Lúcás is Seán*
Agus Dia do mo chumhdach arís go lá.

Four posts on my bed

Four posts on my bed,
four angels on them spread,
Matthew, Mark, Luke and John
and God protect me from now until daybreak.

*Eoin

53. *An Triúr is sine, an Triúr is óige*

An Triúr is sine, an Triúr is óige,
an Triúr is treise i bhFlaitheas na glóire,
an tAthair, an Mac is an Spiorad Naomh
do mo shábháil, do mo ghardáil
ó anocht go dtí bliain ó anocht
agus anocht féin.

The Three who are oldest, the Three who are youngest

May the Three who are oldest, the Three who are youngest,
the Three who are strongest in Heaven of glory,
the Father, the Son and the Holy Spirit,
save me, guard me,
from tonight until this night next year,
and this night itself.

54. *In ainm an Athar a rinne an ceart*

In ainm an Athar a rinne an ceart,
in ainm an Mhic a d'fhulaing an phian,
in ainm Mhuire Mháthair a chuir orainn a brat –
nár fhaighimid bás choíche gan a cead.

Crois na n-aingeal sa leaba a luímid,
braon dá ngrásta i lár mo chroí istigh,
bratach na bhFlaitheas go dtaga i mo thimpeall
a thógfaidh ceo agus smúit na bpeacaí seo díomsa.

A Mhuire mhór ghlórmhar, tabhair dom radharc ar do
theaghlach agus ar do mhórchumhachta,
solas na soilse agus radharc na Tríonóide
agus grásta na foighne in aghaidh na héagóra.

In the name of the Father who acted justly

In the name of the Father who acted justly,
in the name of the Son who suffered pain,
in the name of Mother Mary who covered us in her cloak –
may we never die without her leave.

The cross of angels in the bed where we lie,
a drop of their grace in my heart,
may the mantle of Heaven come around me,
to take the blemish and stain of these sins from me.

Great glorious Mary, give me sight of your family
and of your great powers,
the light of lights and sight of the Trinity
and the grace of patience in the face of injustice.

55. *Go luímid le Dia*

Go luímid le Dia,
go luí Dia linn,
go n-éirímid le Dia,
go n-éirí Dia linn,
nár luímid leis an olc,
nár luí an t-olc linn,
dhá láimh Mhuire
faoinár gcinn,
crois ón aingeal
ónár mbaithis go dtí ár mbonn.
Guím le Peadar,
guím le Pól,
guím le Muire Ógh
agus lena Mac.
Tar a Mhichíl agus glac mo lámh
agus déan síocháin m'anama le Mac Dé.

On going to bed

May we lie with God,
may God lie with us,
may we rise with God,
may God rise with us,
may we not lie with evil,
may evil not lie with us,
the two hands of Mary
beneath our head,
a cross from the angel
from our forehead
to the soles of our feet.
I pray to Peter,
I pray to Paul,
I pray to the Virgin Mary
and to her Son.
Come, Michael and take my hand
and make peace for my soul with the Son of God.

In aghaidh an tromluí
Against nightmares

56. *Anna, máthair Mhuire*

Anna, máthair Mhuire,
Muire, máthair Chríost,
Éilis, máthair Eoin Baiste,
cuirim an triúr sin idir mé agus éagruas na leapa,
agus an crann ar céasadh Mac Dé air
idir mé agus an tromluí go lá.

Anna, mother of Mary

Anna, mother of Mary,
Mary mother of Christ,
Elizabeth mother of John,
I place those three between me and the feverish bed,
and the cross on which Christ was crucified
between me and the nightmare until daybreak.

57. *Cuirim m'anam ar choimrí Chríost*

Cuirim m'anam ar choimrí Chríost. Ó a Íosa agus a Eoin Baiste agus a dhá aspal déag, téim ar choimrí chrois na mbeann. Cuirim an crann ar ar céasadh Críost idir mé agus an tromluí agus idir mé agus gach ní eile a bheadh ar mo thí.

I put my soul under the protection of Christ

I put my soul under the protection of Christ. Jesus, John the Baptist, and the twelve apostles, I put myself under the protection of the cross of the beams. I put the cross on which Christ was crucified between me and the nightmare and everything else that might be coming to me.

58. *Beannú an tí*

Go mbeannaí Dia an teach seo óna bhun go dtí a bharr,

Go mbeannaí sé gach fardoras, gach cloch is gach clár,

Go mbeannaí sé an teallach, an bord ar a leagtar bia,

Go mbeannaí sé gach seomra i gcomhair sámhchodladh na hoíche.

Go mbeannaí sé an doras a osclóimid go fial

Don strainséar is don bhochtán chomh maith is dár ngaol,

Go mbeannaí sé na fuinneoga a ligeann dúinn an léas

Ó sholas geal na gréine, na gealaí is na réalta,

Go mbeannaí sé na frathacha in airde os ár gcionn

Is fós gach balla daingean atá ár dtimpeallú inniu.

Go bhfana síocháin dá réir sin dár gcomharsana, cion is grá.

Go mbeannaí Dia an mhuirear seo agam agus a choimeád ó bhaol,

Is go stiúra sé sinn uile go dtí a ríbhrú féin.

God bless this house

God bless this house from bottom to top,
and bless the lintels, every stone and every board,
and bless the hearth and bless the table where food is laid,
and bless each room for night's peaceful rest,
and bless the door we open wide to stranger and to the poor and
to kin,
and bless the windows that let in the light
from the bright light of the sun, the moon and the stars,
and bless the rafters high overhead
and every sturdy wall that surrounds us today.
And so may peace, affection and love stay with our neighbours,
may God bless my family and keep them from harm
and may he direct us all to his own kingly palace.

59. *Daoine ag dul i mbád*

Ar ghabháil anonn in áth go doimhin
A Rí na Foighne, glac iad ar láimh,
Ar eagla buille na toinne tréan,
A Mhuire, féach agus ná fág!

People going in a boat

Crossing over the deep,
o King of Patience, take them in hand,
for fear of being struck by a strong wave,
Mary watch and don't leave!

60. Beannacht máthar
ar mhac nó ar iníon ag fágáil an bhaile

An Dia mór a bheith idir do dhá shlinneán do do chaomhnú, ag siúl is ag filleadh.

Mac Mhuire Óighe a bheith de chomhair do chroí is an Spiorad foirfe a bheith ort ag silleadh*.

Ó an Spiorad foirfe a bheith ort ag silleadh.

A mother's blessing
on a son or daughter leaving home

Great God be between your two shoulders protecting you, going and coming back.

The Son of the Virgin Mary be around your heart and the perfect Spirit watch over you.

O, the perfect Spirit watch over you.

*féachaint

61. *Daoine ag imeacht ón mbaile*

A mháithrín mo chléibhse, ná caoin mise,
Ná neach do chuaigh ar fán uait,
Ach caoinse Aonmhac gléigeal Mhuire
Is é do chabhair é am gach gátair.

Caoinse a éadan maorga maisiúil,
Is a ghéaga geala bána,
Caoin an Péarla a bhí créachta gonta,
Ar chrann na croise cráite.

A thréadaí naofa a thug dúinn cléir is sagairt,
Is ortsa a screadaim a Mháistir.
Cuir gráin im chléibh go léir ar an bpeaca,
Mar is é údar do ghéarchrá é.

Beannaigh mé féin is mo ghaolta ag baile
Is an méid díobh atá thar sáile,
Le grásta an Spiorad Naomh, bí féin ár bhfaire
Is ná lig ar seachrán sinn.

Mar tiocfaidh Lá an tSléibhe, gan bréag gan magadh,
Is chífidh tú féin a mháithrín,

Ár Slánaitheoir gléigeal ansiúd ina sheasamh
Ina Rí os cionn na dtáinte.

Le cúnamh Dé, na naomh is na n-aingeal,
Fillfead féin thar sáile,
Is beimid le chéile araon go seascair
Ag caitheamh ár saoil go sásta.

People leaving home

My dear mother, don't weep for me,
nor for anyone who strayed away from you,
but weep for the only bright Son of Mary
who is your help in time of need.

Weep for his beautiful, noble face
and his bright white limbs;
weep for the Pearl who was injured and wounded
on the cross of torment.

Holy shepherd who gave us clergy and priests,
it is to you I cry, Master.

Put hatred in my heart for all sin
for that is what torments you sharply.

Bless me and my relatives at home
and those of them who are overseas;
with the grace of the Holy Spirit
watch over us and do not let us wander.

Because the Last Day will come surely
and you will see, little mother,
our Saviour standing there,
King over multitudes.

With the help of God, the saints and the angels,
I will return over the sea
and we will be together in comfort,
leading our life in happiness.

62. *In aimsir chruatain nó chathaithe*

A Rí na trua is a uain ghil bheannaithe,
féach an ainnise atá inár gcroí
is ná lig ar strae uait féin an t-anam bocht,
is a fheabhas a cheannaigh tú é féin sa pháis.
Ní air a bhímid ag cuimhneamh, ag smaoineamh ná ag marana,
ná ar ainnis an tsaoil ag déanamh machnaimh.
Ó a Rí na trua, tóg dínn an ghangaid seo,
go mbeimid i do shamhailt gach am den lá.

In times of hardship or temptation

O King of pity and bright blessed lamb,
look at the misery in our hearts
and do not let this poor soul stray from you
after you redeemed it by your passion.
He is not the one we remember or think of or meditate on,
nor ponder on the misery of life.
O King of pity, take away this bitterness
and let us be in your image every time of the day.

63. *Ar son máthar agus athar*

Siúd ar mo mháthair
a thóg mé ar a brollach
agus le m'athair
a thóg mé le saothar a chnámha.
Tá súil le Mac Dé agam,
nuair a ghabhfas siad dá láthair,
go mbeidh céad míle fáilte rompu
i bhFlaitheas na ngrásta.

For a mother and father

This is for my mother
who raised me at her breast
and for my father
who raised me with the work of his bones.
I hope to the Son of God
when they go into his presence
that there will be a hundred thousand welcomes for them
in Heaven's grace.

64. *Bás sona*

Bás ola,
bás sona,
bás solais,
bás sóláis,
bás aithreachais.

Bás gan chrá,
bás gan scáth,
bás gan bhás,
bás gan scanradh,
bás gan dólás.

Seacht n-aingeal an Spioraid Naomh agus an dís aingeal coimhdeachta do mo dhíonsa anocht agus gach oíche, go dtige soilse is camhaoir.

A happy death

Anointed death,
happy death,
death of light,
death of consolation,
death with repentance.

Death without worry,
death without shadow,
death without death,
death without fear,
death without sorrow.

The seven angels of the Holy Spirit and the two guardian angels be under my roof tonight and every night, until light and daybreak arrive.

65. *Ar son na marbh*

Abraimis cúig Phaidir do na mairbh, le hanam ár n-aithreacha, agus ár máithreacha, ár ndeartháireacha, ár gcomhluadar agus ár ngaolta agus ár ndaoine muinteartha go léir a d'fhág an saol seo. Gach n-aon nach bhfuil duine aige, guímid leis: go dtuga Dia cuidiú na guí seo dó agus dea-bhás dúinn féin an lá déanach.

For the dead

Let us say the Lord's Prayer five times for the dead, for the soul of our fathers and our mothers, our brothers, our family and our relations and all the members of our community who have left this life. For those who have no-one, we pray; may God help them with this prayer and give us a good death on the last day.

66. *Achainí ar na naoimh*

A Choilm, a Mhichíl is a Bhríd mhín mhaorga,
Ós sibhse ba shíordhíon d'fhíorchlann Gael glas,
Tugaigí don tsíoraíocht sinn faoi réim cirt
Is toradh ar ár nguí chugaibh bíodh d'fhinné againn.

Colm dár suí faoi ghaois ard éirime;
Colg maith Mhichíl slí troigh déanadh;
Gormbhrat Bhríd mhín, díon naí i ngéibhinn,
Dár gcosaint gach aon lá i gcaolslí an tsaoil.

Entreaty to the saints

Colm, Michael and gentle, majestic Bríd,
you who were always the protectors of the Gael,
take us to eternity where justice reigns
and let us witness the answer to our prayer.

Colm establish us in the wisdom of high intellect;
Michael's good sword make a way for our feet;
gentle Bríd's blue cloak, shelter to an infant in need,
protect us each day on the narrow path of life.

67. *Míle fáilte romhat a choirp an Tiarna*

Míle fáilte romhat a choirp an Tiarna
A mhic a shíolraigh ón ógh is gile agus is míne,
Is é do bhás-sa ar chrann na páise
A d'fhuascail síol Éabha is a bhascaigh coir.

Ós peacach bocht mé atá ag déanamh ort
Ná nocht orm an chóir,
Cé gur thuill mé d'fhearg a Íosa Críosta
Fill orm agus fóir.

A Íosa a cheannaigh muid,
A Íosa a bheannaigh muid,
A Íosa an phaidrín pháirteach, ná déan sinn a dhearmad,
Anois nó ar uair ár mbáis.

A Chríost a céasadh Dé hAoine
A dhoirt do chuid fola ár maitheamh is ár saoradh,
Grásta an Spioraid Naomh inár gcroí is inár n-intinn,
Gach achainí dá n-iarraimid Mac Dé á réiteach.

A thousand welcomes to you, body of Christ

A thousand welcomes to you, body of Christ,
Son who descended from the most bright, most gentle virgin;
It is your death an the cross of the passion
that freed the children of Eve and destroyed sin.

As I am a poor sinner approaching you,
do not expose me to justice,
although I have deserved your anger, Jesus Christ,
come to me and help me.

Jesus who bought us,
Jesus who blessed us,
Jesus of the family rosary, do not forget us,
now or at the hour of our death.

Christ who was crucified on Friday,
who shed your blood forgiving us and freeing us,
the grace of the Holy Spirit in our hearts and in our minds
and may the Son of God grant all our petitions.

68. *Beannacht leat, a Mhuire*

Beannacht leat, a Mhuire,
beannacht leat, a Chríost.
Go gcumhdaí sibh ár n-anam
go dtige sinn arís.

Beannacht leat a theach Dé,
agus beannacht Dé inár dtimpeall.
Nár scara uainne grásta Dé
go bhfillfimid ar a theampall.

A blessing with you, Mary

A blessing with you, Mary,
a blessing with you, Christ.
May you protect our souls
until we come again.

A blessing with you, God's house,
and God's blessing around us.
May the grace of God not leave us
before we return to his church.

Paidreacha chuig naoimh na hÉireann
Prayers to the saints of Ireland

69. *Adhamhnán Oileán Í*

(Pátrún Leitir Ceanainn – Rugadh i nDroim Thuama, Co. Dhún na nGall 624. Bhí sé ina Ab in Oileán Í, Albain. Bhásaigh sé in Í i 705. Féile – 24 Meán Fómhair)

A Adhamhnáin, a leanbh bhán naofa,
I mainistir Í do scríobh tú le héirim
Beatha Cholm Cille, agus tuilleadh dá réir sin,
Más sampla ag lucht eolais á léamh acu.
Faighse dúinne, a phlúr na féile,
Eolas a lorg ar obair ár naomhna,
A ngníomhartha a aithris le taitneamh dá scéala,
Is a gcáil a leathadh trí thalamh na hÉireann.

Adhamhnán of Iona

(Patron of Letterkenny – Born in Drumhome, Co. Donegal 624. He was Abbott in the island of Iona, Scotland and died there in 705. Feast day – 24 September)

Adhamhnán, bright holy child,
you wrote in the island of Iona,
the Life of Colm Cille, and more,
for people of knowledge to read.
My you help us generously
to seek knowledge about the work of our saints,
to recount their deeds with delight in their stories
and to spread their fame throughout Ireland.

70. *Aonghas Céile Dé ó Thamhlacht*

(Pátrún Thamhlacht, Baile Átha Cliath. Rugadh in Ulaidh i 750. Bhásaigh in 824. Féile 11 Márta)

A Aonghais bháin a thug grá do naoimh,
Is a bhíodh á moladh le cothrom na céille;
Cheap tú dán a rug barr na héigse,
'An Féilire' a ainm, i dteanga na Gaeilge.
Faighse dúinne d'umhlaíocht, a Aonghais,
Go molfaimid na naoimh seo ó Éirinn
A chaitheadh a saol i bhfíonghort Dé dhil,
Is go rabhaid go ceanúil ag neartú taobh linn.

Aongus Culdee from Tallaght

(Patron of Tallaght, Dublin. Born in Ulster in 750. Died in 824. Feast day 11 March)

Fair Aongus who gave love to saints
and praised them with fairness and sense,
you composed a poem in Irish that reached the peak of learning.
Its title 'An Féilire'.*
Obtain for us your humility, Aongus,
that we may praise these Irish saints
who spent their lives in dear God's vineyard
and may they gather strength beside us.

*The Calendar

71. Bréanann Chiarraí

(Pátrún Chiarraí – Rugadh i bhFianait, Co. Chiarraí timpeall 485. Bhásaigh in Eanach Dhúin, Co. na Gaillimhe i 576. Féile – 16 Bealtaine)

A Bhréanainn a thaistil thar farraige i gcaolbhárc,

Is a tháinig abhaile go hatuirseach traochta,

Is tú a dhein míorúiltí agus éachta

Mar bhí tú lán de ghrá an Spioraid Naofa.

Dá mhéid do chuarda ar fud an tsaoil

Níor casadh ort áit ab fhearr ná Éire,

Dá bhrí sin comhairligh don deoraí Gaeil bocht

Filleadh ar an mbaile nó fanacht go héag ann.

Bréanann of Kerry

(Patron of Kerry – Born in Fenit, Co. Kerry about 485. Died in Annaghdown, Co. Galway in 576. Feast day – 16 May)

Bréanann who travelled over sea in a narrow boat
and returned home exhausted,
you performed miracles and great deeds
because you were full of the Holy Spirit.
However much you travelled all over the world,
you never found a better place than Ireland.
Advise the poor exile from Ireland
to come home, or never to leave.

72. *Bríd Chill Dara*

(Pátrún Chill Dara, mhair c. 453 -524. Féile: 1 Feabhra)

A Bhríd, a mhaighdean gheal chóir,
Cuidigh liom roimh Dhia na glóire,
I mo shuí, i mo luí, san oíche nó sa ló,
Go mbeidh mé leatsa choíche is go deo.

Bríd of Kildare

(Patron of Kildare, lived c. 453 -524. Feast day: 1 February)

Bríd, bright, just virgin,
help me before God of glory,
while I sit, while I stand, by night or by day,
that I may be with you forever.

73. A Bhríd, a Mhuire na nGael

A Bhríd, a Mhuire na nGael,
A Bhríd, scaoil tharam do bhrat
Agus coinnigh faoi do chumhdach mé
Go mbeidh mé leat i bhflaitheas Dé.

Bríd, Mary of the Gael

Bríd, Mary of the Gael,
Bríd cover me in your cloak
and protect me
until I am with you in God's heaven.

74. *A Naomh Bríd, a Mhuire na nGael*

A Naomh Bríd, a Mhuire na nGael, scar orainn do bhrat.

A Naomh Bríd, a chroí na féile, stiúir sinn ar an mbóthar ceart.

A Naomh Bríd gheanúil, ghrástúil, ar ár namhaid cosain sinn.

A Naomh Bríd, a bhean rialta álainn, ar uair ár mbáis, glaoigh orainn.

Holy Bríd, Mary of the Gael

Holy Bríd, Mary of the Gael, cover us with your cloak.

Holy Bríd, generous heart, lead us on the right road.

Holy, kind, gracious Bríd, defend us from our enemies.

Holy Bríd, beautiful nun, call us at the hour of our death.

75. *Altú roimh bia, oíche fhéile Bríde*

A Bhríd ban-naomh, bean na bratóige buí, ar choimrí a géaga gile dúinn ón mbéile seo go dtí an béile arís.

Ar choimrí Dé agus Bhríd ban-naomh dúinn.

Bríd Ní Dhaighidí* a chuireann an long go réidh chuig poirt, ar a coimrí sin dúinn féin ós léi féin an oíche anocht.

Grace before meals for Saint Bríd's eve

Bríd, holy saint, woman of the yellow cloak, may we be under the protection of her bright arms from this meal to the next.

May we be in the protection of God and Holy Bríd.

Bríd Ní Dhaighidí who brings the ship gently to harbour, may we be under her protection, as this is her own eve.

*Tá trácht sa tseanlitríocht ar bhandia, Bríd, iníon an Daghda. Lean an t-ainm Bríd Naofa sa traidisiún béil in áiteanna.
Bríd, daughter of Daghda, is a goddess in Irish mythology. Saint Bríd was sometimes known by that name.

76. *Caoimhín Ghleann Dá Loch*

(Pátrún Ghleann Dá Loch, Co. Chill Mhantáin. Rugadh i gCill Mhantáin i 499. Bhásaigh 3 Meitheamh 618. Féile 3 Meitheamh)

A Chaoimhín le caoineas do mhéine
Fuair an-chion ainmhithe is éanlaith;
I do láthair ba ghnáth leo go léir a bheith
Gan scáth romhat i bhfásach an fhéir ghlais.
Bímisne, a Chaoimhín na féile,
Dea-iompair le dúile gan éirim:
Dia a chruthaigh is a chuir ar an saol iad
Is cúiteoidh Sé linn an croí truamhéile.

Kevin of Glendalough

(Patron of Glendalough, Co. Wicklow. Born in Wicklow in 499. Died 3 June 618. Feast day 3 June)

Kevin, with your kind nature,
you were loved by animals and birds;
they stayed in your presence
without fear in the green grassy growth.
Let us all, o generous Kevin,
behave well towards dumb creatures:
God created them and put them into this world
and he will reward us for our merciful heart.

77. Colm Cille Dhún na nGall

(Pátrún Dhún na nGall agus Í – Rugadh i nGartán, Co. Dhún na nGall, 7 Nollaig 521. Bhásaigh in Í, 9 Meitheamh 597. Féile – 9 Meitheamh)

Beannaithe go raibh an Tríonóid Naofa gan roinn anois is go síoraí.

Tá mé ag coisreacan na dtrí chaol (caol na lámh, caol an choim agus caol na gcos) mar chuimhneachán ar Naomh Colm Cille.

Tá mé ag tabhairt adhradh is glóire do Dhia inniu. Glóir don Athair agus don Mhac agus don Spiorad Naomh. Mar a bhí ar dtús, mar atá anois agus mar a bheas go brách.

Tá mé ag coisreacan chaol na lámh.

A Naomh Colm Cille, guigh go grod is go baileach is go dúthrachtach; guigh aduaidh agus aneas; guigh anoir agus aniar; guigh anuas agus thuas, abhus agus thall; guigh ar ais is ar aghaidh, chugat agus uait agus go lá brátha.

GUIGH MAR ÉIRIC

Ar chosa Chríost chomh geal leis an bhainne,
ar ghlúine Chríost chomh láidir le carraig,
ar anairt bháis Chríost chomh glan le ceo,
ar ucht Chríost chomh suaimhneach le tonn,

ar ghuaillí Chríost chomh fairsing leis na beanna,

ar shúile Chríost chomh caoimhiúil le dealradh na gréine ag dul faoi,

ar fholt Chríost chomh bachallach leis an sruth,

ar ghéaga Chríost chomh lúfar le lúdrach,

ar mhéara Chríost chomh ceannasach leis na spéartha agus ar a cheann naofa.

Ár nAthair ......
Tá mé ag coisreacan chaol mo choim.

GUIGH MAR ÉIRIC

ar a bhéas,

ar a dhílseacht,

ar a charthanacht,

ar a gheanmnaíocht,

ar a chiúnas,

ar a mhánlacht,

ar a thréine,

ar a mhisneach,

ar a mheasarthacht,

ar a fhulaingt,

ar a uirísleacht

agus ar a bhochtaineacht rónaofa.

Sé do bheatha a Mhuire ....
Tá mé ag coisreacan chaol na gcos.

A bhreith naofa fhíorghlan,
a leanbhaois gan cháim,
a bhaisteadh,
a throscadh daichead lá agus daichead oíche agus a chathú,
na hocht mbiáidí,
a thogha an dáréag naofa,
a athrú crutha ar an sliabh,
a bhrath ag Iúdás,
a theilgean agus a dhaoradh san éagóir,
a bhás agus a adhlacadh,
a aiséirí agus a dheascabháil ghlórmhar.

In ainm Íosa Críost ár dTiarna éirím (nó téim a chodladh)

na seacht réalt do mo stiúradh,
an dáréag do mo sheoladh,
na cúig chneá do mo dhíonadh,
na trí shanas i mo chluasa,
síoth na seacht nEaglais do mo thimpealladh,
an tAon Dia do mo rialú,
sciath chreidimh os mo chionn,

an claíomh solais ar m'aghaidh,

focal Dé ar mo chúltaobh,

m'aingeal coimhdeachta láimh liom,

an Spiorad Naomh mar aon liom anois agus go síoraí.

Triath na dtriath.

A Íosa, beannaigh, stiúir agus cosain mé, agus tabhair chun na
beatha síoraí mé. A Cholm Cille, guigh ar son na hÉireann agus
na hAlban agus ar mo shonsa.

Colm Cille of Donegal

*(Patron of Donegal and Iona – Born in Gartan, Co. Donegal, 7
December 521. Died in Iona, 9 June 597. Feast day – 9 June)*

Blessed be the Holy Trinity now and forever. Amen. I bless the
three slender parts (the wrists, the waist and the ankles) in
memory of Saint Colm Cille. I give adoration and glory to God
today. Gory be to the Father, to the Son and to the Holy Spirit.
As it was in the beginning, is now and shall be forever.

I bless the wrists. Saint Colm Cille, pray urgently and precisely
and fervently; pray from the north and from the south; pray from
the east and from the west; pray downward and upward, here and

there; pray backwards and forwards, towards you and from you and forever.

PRAY IN REPARATION

On Christ's feet as white as milk,
on Christ's knees as strong as a rock,
on Christ's shroud as clean as mist,
on Christ's breast as peaceful as a wave,
on Christ's shoulders as wide as the peaks,
on Christ's eyes as gentle as the shining of the setting sun,
on Christ's hair as flowing as the stream,
on Christ's limbs as agile as a hinge,
on Christ's fingers as masterful as the skies and on his sacred head.

Our Father ......

I bless my waist.

PRAY IN REPARATION

On his manner,
on his loyalty,
on his charity,

on his modesty,
on his silence,
on his gentleness,
on his strength,
on his courage,
on his moderation,
on his suffering,
on his humility
and on his holy poverty.

Hail Mary ....

I bless my ankles

His holy, immaculate birth,
his innocent childhood,
his baptism,
his fasting forty days and forty nights
and his temptation,
the eight beatitudes,
his choice of twelve holy ones,
his transfiguration on the mountain,
his betrayal by Judas,
his unjust conviction and condemnation,

his death and burial,
his resurrection
and glorious ascension.

In the name of Jesus Christ, our Lord, I rise (or I go to sleep)

With the seven stars guiding me,
the twelve directing me,
the five wounds protecting me,
the three whispers in my ears,
the peace of the seven Churches around me,
the One God ruling me,
a shield of faith over me,
the sword of light before me,
God's word behind me,
my guardian angel beside me,
the Holy Spirit with me
now and forever.
Lord of Lords.

Jesus, bless, guide and protect me, and bring me to everlasting life. Colm Cille, pray for Ireland and Scotland and for me.

78. *Chun Colm Cille Naofa*

A Cholm Cille a fuair cuisle na héigse,
Is a scríobh na dánta breátha Gaeilge,
Do chabhair go dtaga don ghasra léannta
A chleachtann an peann i bhfabhar na hÉireann.
Múscail sa dúthaigh seo spré cheart
An grá dá dtír ba chuí do Ghaela,
Admháil gach peaca dá ndéanaid,
Is leorghníomh le róchroí dá éis sin.

To Saint Colm Cille

Colm Cille, who received the fount of poetry
and who wrote fine poems in Irish,
help those learned people
who use their pen for the good of Ireland.
Awaken all around us
the love of country that behoves the Gael,
may they confess all their sins
and do full reparation for them.

79. *Déaglán Aird Mhóir*

(Rugadh in Aird Mhóir, Co. Phort Láirge, 371. Bhásaigh in Aird Mhóir. Féile – 24 Iúil)

A Dhéagláin a bheannaigh i mbailte na nDéise,
Is in Aird Mhóir a shocraigh ionad d'aiséirí,
Le sampla do bheatha is le teagasc do bhéil ghil
Do tharraingís sluaite i ród a saortha.
Páistí maithe ba taitneamh gach lae leat;
Thugtá dóibh teagasc i dteanga na Gaeilge,
Guímid tú a Dhéagláin, a ghrianán ghléineach,
Teanga ár sean go gcasa ar Éirinn.

Déaglán of Ardmore

(Born in Ardmore, Co. Waterford in 371. Died in Ardmore. Feast day – 24 July)

Déaglán who blessed people in the homes of Decies
and who arranged your place of resurrection in Ardmore,
with the example of your life and your words
you drew crowds to their salvation.
You were kind to good children every day
and taught them in Irish.
We pray to you, Déaglán, bright happy one,
that the language of our ancestors may return to Ireland.

80. *Éanna Árann*

(Pátrún Oileáin Árann, Co. na Gaillimhe – Rugadh i 450. Bhásaigh i 540. Féile 21 Márta)

A Éanna uasail, le fuath don saol seo
Do thréigis a mhórtas is a ghlóire bhréige,
Is chuaigh tú go hÁrainn, tráth, thar tréanmhuir,
Mar ar bhuaigh tú don áit sin cáil sa naofacht.
Ba ghnáth leat a iarraidh ar Dhia gan éinne
A dhiúltú um ní dá nguífeadh tríot féin é:
Go mairimid i síth le chéile
Is ár dtoil go mín le fíorthoil Dé a chur.

Éanna of Aran

(Patron of the Aran Islands, Co. Galway – Born in 450. Died in 540. Feast day 21 March)

Noble Éanna, you despised this life,
and abandoned its pride and its false glory,
you went to Aran, once, over the strong sea
and you achieved for that place a reputation for holiness.
You used to ask God
not to refuse anyone who prayed through you:
may we live in peace together
according to the true will of God.

81. *Fursa Pheronne*

(Pátrún Chill Fhursa, Co. Na Gaillimhe – Rugadh i gCúige Mumhan i 577. Bhásaigh in Peronne, An Fhrainc, i 652. Féile 16 Eanáir)

A Fhursa, le gnaoi do Rí na réaltaí,
Do thóg gan mhairg na cealla ina gcéadta,
Faigh ón Athair do Chríostaithe na hÉireann
Gan taithí a n-eaglaisí a thréigean.
Do ghuíse, a chumainn, go gcuirir gan staonadh
Chun Rí na bhfeart, ós tú a d'amharc roimh ré air,
Go dtagaimid uile go soilbhir séanmhar
Uair ár mbáis dá áras taobh leat.

Fursa of Peronne

(Patron of Killursa, Co. Galway – Born in Munster in 577. Died in Peronne, France, in 652. Feast day 16 January)

Fursa, with love for the King of the stars,
you built cells in their hundreds,
ask from the Father that the Christians of Ireland
will not betray the practice of their churches.
May you pray continually, dear one,
to the King of deeds, as you have seen him first,
that we all come happily to his house
beside you at the hour of our death.

82. *Gobnait Bhaile Bhuirne*

(Pátrún Bhaile Bhuirne, Co. Chorcaí. Rugadh i gCo. an Chláir sa 5ú haois. Féile: 11 Feabhra)

Go mbeannaí Dia dhuit, a Ghobnait naofa,
go mbeannaí Muire dhuit is beannaím féin duit.
Is chugatsa a tháinig mé ag gearán mo scéil leat
Is ag iarraidh mo leigheas ar son Mhic Dé ort.

Gobnait of Baile Bhuirne

(Patron of Baile Bhuirne, Co. Cork. Born in Co. Clare in the 5th century. Feast day: 11 February)

May God bless you, holy Gobnait,
May Mary bless you and I bless you. It is to you
I came to tell you my complaint
and to ask you to cure me for God's sake.

83. *A Ghobnait an dúchais*

A Ghobnait an dúchais
A bhíodh i mBaile Bhuirne,
Go dtaga tú chugamsa
Le do chabhair is le do chúnamh.

O Gobnait, our kinswoman

O Gobnait, our kinswoman,
who lived in Baile Bhuirne,
come to me
to aid and help me.

84. *Greallán Ua Maine*

(Pátrún Ua Maine, Cúige Chonnacht – comhaimsearthach de chuid Phádraig Naofa. Bhásaigh, creidtear, ag deireadh an 6ú haois. Féile 17 Meán Fómhair)

A Ghrealláin mhín, a chroí na déirce,
Maine Mór a thóg ón gcréchuilt,
Go dtige ó d'fhearta anam i nGaela
Is tógáil spioradálta dá réir sin;
Go ndéanaid cnuas ar uaisleacht bhéasa,
Go dtréigid ól thar fóir is craos oilc,
Go rabhaid go brách i bpáirt le chéile,
Is go bhfille a ceart ar ais ar Éirinn.

Greallán of Ua Maine

(Patron of Ua Maine, Connacht – contemporary of Saint Patrick. Died, it is believed, at the end of the 6th century. Feast day - 17 September)

Gentle Greallán, heart of alms-giving,
you built Great Maine from the ground.
May life come to the Gael because of your deeds
and spiritual growth accordingly.
May they treasure nobility of manner,
may they reject too much drinking and greed,
may they always share with each other
and may justice return to Ireland.

85. Iarlaith Thuama

(Pátrún Thuama, Co. na Gaillimhe. Rugadh sa Dún Mór, Co. na Gaillimhe i 456. Bhásaigh i 540. Féile 6 Meitheamh)

A Iarlaith Thuama, a uain le naofacht,

Lá agus oíche ós guí ba bhéas duit,

Paidreacha greanta na Gaeilge

Bídís inár gcuimhne is inár mbéala.

Is déanaimid impí go saothrach

A Rí na ngrás, ó lá go chéile,

Chun sinn a bhreith i ndeireadh ár saoil

Chugatsa a Iarlaith sa ghrianfhlaitheas aolmhar.

Iarlaith of Tuam

(Patron of Tuam, Co. Galway. Born in Dunmore, Co. Galway in 456. Died in 540. Feast day 6 June)

Iarlaith of Tuam, lamb of holiness,

you practised prayer by day and by night,

the beautiful prayers of Irish,

may they be in our memory and in our mouth.

And we ardently implore,

from day to day, o King of grace,

to take us at the end of our lives,

to you, Iarlaith in sunny paradise.

86. Lorcán Ó Tuathail Bhaile Átha Cliath

(Pátrún Bhaile Átha Cliath agus Ghleann Dá Loch. Rugadh i 1105. Bhásaigh i Normainn na Fraince i 1180. Féile 14 Samhain)

Éistse a Lorcáin ár ngolán géire,
Is tagair dúinn i gcúirt an Aonmhic,
Chun saoithe Bhanba a tharraingt le chéile
Is a buíonta stáit i mbearna an bhaoil.
Ós agat a bhí sin croí na féile,
Carthanacht is fairsinge den daonnacht,
Neadaigh is líon ina gcroíthe ag Gaela
Maithghníomhartha is taithí na déirce.

Laurence O'Toole of Dublin

(Patron of Dublin and Glendalough. Born in 1105. Died in Normandy, France, in 1180. Feast day 14 November)

Hear, o Laurence, our sharp lament

and tell our story in the court of the Only Son,

to draw together the wise ones of Banba

as her country's companies are in the breach of battle.

As you had a generous heart,

charity and abundance of humanity,

set and fill in the hearts of the Gael

good deeds and the practice of alms-giving.

87. *Maolmhaodhóg Ard Mhacha*

(Pátrún Ard Mhacha. Rugadh i 1094. Bhásaigh i Clairveaux na Fraince i 1148. Féile 3 Samhain)

A Mhaolmhaodhóg léir chóir chéillí,
Nár cheadaigh do chill ná a dhíon a thréigean
Gur labhair an Pápa á rá leat géilleadh
Is béasa fhairche Ard Mhacha a réiteach.

Ós tú a cheartaigh an eaglais in Éirinn,
Neartaigh le mórchroí i gcónaí léi,
Tóg a pearsana i do bheannaitheacht féin
Le dúthracht anam a sheachaint ar phéinbhroid.

Malachy of Armagh

(Patron of Armagh. Born in 1094. Died in Clairveaux, France in 1148. Feast day 3 November)

Clever, just, sensible Malachy,
who did not go from under the roof of your cell
until the Pope spoke and told you to yield
and to settle the customs of the diocese of Armagh.

As you were the one who corrected the church in Ireland,
strengthen her always with a generous heart,
take her people into your holiness
and save their fervent souls from painful captivity.

88. *Neasán Mhungairit*

(Pátrún Mhungairit, Co Luimnigh. Rugadh i gCo. Phort Láirge i 473. Bhásaigh i 551. Féile 25 Iúil)

A Neasáin saoi, ba bhríomhar béarla,
Is tú a chuir scoil ar bun chun saothair,
Mar ar mhúin tú dod' dhaltaí ealaíon léannta,
Ó faighse dúinne dúil dá réir sin.
Is ó chuireadh ár sinsear suim gan staonadh
I bhfoghlaim gach leabhair is gach ceirde,
Go mairimidne ar an intinn chéanna
Is go bhfillfidh údair chlúiteacha ar Éirinn.

Nessan of Mungret

(Patron of Mungret, Co. Limerick. Born in Co. Waterford in 473. Died in 551. Feast day 25 July)

Wise Nessan, of lively speech,
you founded a school for work
where you taught your pupils learned arts,
find for us a desire like this.
And as our ancestors were eternally interested
in learning and books and crafts,
may we be of the same mind
and may famous authors return to Ireland.

89. Pádraig, Aspal na hÉireann

*(Pátrún na hÉireann. Rugadh i 373, sa Bhriotáin. Bhásaigh i 493.
Féile 17 Márta.)*

A Phádraig atá i bParthas Mhic Dé gan locht
A bheir sláinte le do ghrásta don té a bhíos bocht,
Tháinig mé i do láthairse is mé lag gan lúth,
Tabhair áras dom i bParthas in áit a bhfeicfidh mé tú.

Patrick, Apostle of Ireland

*(Patron of Ireland. Born in 373, in Brittany, France. Died in 493.
Feast Day 17 March)*

O Patrick, who is in the Paradise of the blameless Son of God,
who gives health with your grace to the one who is poor,
I came to your presence, weak without vigour,
give me a home in Paradise in a place where I will see you.

90. Dóchas linn Naomh Pádraig

Dóchas linn Naomh Pádraig, aspal mór na hÉireann,
ainm oirirc gléigeal, solas mór an tsaoil é,
is é a chloígh na draoithe, croíthe dúra gan aon mhaith,
d'ísligh dream an díomais trí neart Dé ár dtréanfhlaith.

Sléibhte, gleannta, máighe is bailte móra na hÉireann,
ghlan sé iad go deo dúinn, míle glóir dár naomh dhil.
Iarraimid ort a Phádraig, guigh orainne Gaela.
Dia linn lá agus oíche is Pádraig Aspal Éireann.

Saint Patrick, our hope

Saint Patrick, our hope, great apostle of Ireland,
bright illustrious name, great light of life,
he who conquered the evil, hardhearted druids
and brought down those arrogant people by the strength of God.

Mountains, valleys, plains and towns of Ireland,
he cleaned them for us forever, a thousand praises to our dear saint.
We ask you, Patrick, to pray for us Gaels.
God be with us day and night and Patrick apostle of Ireland.

91. Naomh Pádraig

A Phádraig an chrábhaidh gan éalang,
Féach ar gealladh le haingeal Mhic Dé duit
Ar bharr na Cruaiche is gluais dár saoradh
In am an ghá le páirt ded' thréada.
Is tagair go hard, a Phátrúin ghléigil
I gcúirt an Athar, i bhflaithis na féile,
Do shliocht na clainne a thugais ó dhaorbhroid,
Go dtuillimid áit in áras taobh leat.

Saint Patrick

O Patrick of flawless piety,
see what the angel of the Son of God promised you
on top of the mountain and go to free us
in time of need with part of your flock.
And speak loudly, o bright Patron,
in the court of the Father, in the heavens of generosity,
of the descendants of the family you released from bondage,
so that we earn a place in a home beside you.

92. Ruán Lothra

(Pátrún Lothra, Co. Thiobraid Árann. Rugadh i 508. Bhásaigh i 584. Féile 15 Aibreán)

A Ruáin Lothra, is tú a ghoirtigh go héachtach
Rí na Teamhrach mar gheall ar a éigean,
Ar bhriseadh an dlí don rí le claonbheart
Is tearmann teann do cheall a réabadh.
Tá Teamhair dá bharr go támhach lag tréigthe,
Ach guímid Dia go riarfaidh Éire
Faoi ghile chumhacht, faoi chrógacht daonna
Ba seacht mhó ná anallód ba léir í.

Ruán of Lorrha

(Patron of Lorrha, Co. Tipperary. Born in 508. Died in 584. Feast day 15 April)

Ruán of Lorrha, you powerfully laid low
the King of Tara because of his violence,
after the king broke the law with a crooked deed
and violated the secure sanctuary of your cell.
Tara is stunned, weak, abandoned as a result,
but we pray God that Ireland will flourish,
with power and human courage,
seven times as much as she did in the past.

93. Seanán Inis Cathaigh

(Pátrún Inis Cathaigh, Co. an Chláir. Rugadh i 488. Bhásaigh i 544. Féile 8 Márta)

A Sheanáin, a bheangáin bhéilghlic,
An tOthar Uasal a luadh gach éinne ort,
Faigh dúinne foighne go dearcach
A chloífidh cathú is fadchuma péine.
Agus guímis, le Seanán soghrách maorga,
An tAthair, an Mac is an Naomhsprid,
Go raibh síocháin i gcrích Fáil is faoiseamh
Agus leas na tíre i gcroí gach éinne.

Senan of Scattery Island

(Patron of Scattery Island, Co. Clare. Born in 488. Died in 544. Feast day 8 March)

Senan, clever young scion,
you were known to all as the Noble Invalid,
obtain for us patience and vigilance
to counter temptation and enduring pain.
And we pray, with loving, stately Senan,
to the Father, the Son and the Holy Spirit,
that there will be peace and respite in Ireland
and the well-being of the country in everyone's heart.

94. Túsach Ráth Colpa

(Pátrún Ráth Colpa, Co. an Dúin. Rugadh i dtús an 5ú haois. Féile 14 Aibreán)

A Thúsaigh chaoin, ba shaoi le réiteach
Is ba chara lách le Pádraig naofa,
Go rabhaimidne ar aithris bearta do shaoilse
Dílis go brách dár gcairde féinig.
Is faoi mar a bhís go mín tais taobh leis
Is Pádraig ag fágáil an tsaoil seo,
Go ndéanair dúinne an cúnamh céanna
Uair ár mbáis mar áis dár saoradh.

Túsach Ráth Colpa

(Patron of Ráth Colpa, Co. Down. Born in the beginning of the 5th century. Feast day 14 April)

Gentle Túsach, a wise man for finding agreement,
a kind friend of Saint Patrick,
may we, in telling the deeds of your life,
always be loyal to our own friends.
And as you were gently, compassionately,
beside him as Patrick was leaving this life,
may you help us in the same way
at the hour of our death and ease us in our departure.

95. *Ultán Ard Breacáin*

(Pátrún Ard Breacáin, Co. na Mí. Rugadh i gCo. na Mí. Bhásaigh i 657. Féile 4 Meán Fómhair)

A Ultáin a bhí lomlán den daonnacht,
Is a thugadh don naíon bocht díon is déirc mhaith,
Bhí grá ag gach páiste gan bhréag duit
Ar do thaise is ar mhaitheas do mhéine.
Ár gcion is ár gconách thú, a Ultáin éachtaigh,
Is guí an Tiarna Dia ár gcaomhnú,
Páistí gan cháim dínn go ndéantar
Mar ba dhual do shlua na hÉireann.

Ultan of Ard Breccan

(Patron of Ard Breccan, Co. Meath. Born in Co. Meath. Died in 657. Feast Day 4 September)

Ultan, full of humanity,
you gave poor infants a shelter and alms.
Every child truly loved you
for your compassion and the goodness of your nature.
We love you, wonderful Ultan and are enriched by you,
and the prayer of the Lord God protects us,
may we become innocent children
as the people of Ireland should be.

96. *A Dhia is tú mo chara*

A Dhia is tú mo chara.

Nuair a bhím uaigneach bíonn tú ann,

nuair a bhím fuar téann tú mé, nuair a bhím caillte treoraíonn tú mé,

nuair a bhíonn sé dorcha, tugann tú solas dom.

Tá gá agam leat.

Is tú m'athair nuair nach mbíonn sé ann. Is tú a chruthaigh an domhan iontach seo, na daoine deasa ar fad atá ann agus a thug bia agus deoch dúinn.

Beannaíonn tú muid.

God, you are my friend

God, you are my friend. When I am lonely you are there, when I am cold you give me warmth, when I am lost you guide me, when it is dark you give me light. I need you.

You are my father when he's not there. You created this wonderful world, all the nice people who are in it and gave us food and drink. You bless us.

Shane de Bháis

97. *Paidir do dhaoine óga*

A Thiarna, bíonn tú liom i gcónaí. Nuair a bhíonn brón orm cabhraíonn tú liom. Nuair a bhíonn áthas orm ceiliúrann tú liom. Cabhraíonn tú liom a bheith cróga agus ní ligeann tú síos mé ariamh.

Taispeánann tú an tslí cheart dom. Siúlfaidh mé i dtreo do sholais i gcónaí. Gabhaim buíochas leat, a Thiarna. Is tú mo Shlánaitheoir.

Prayer for young people

Lord, you are always with me. When I am sad you help me. When I am happy, you rejoice with me. You help me to be brave and you never let me down. You show me the right way. I will always walk towards your light. I thank you, Lord. You are my saviour.

Fionnuala Nic Mhathúna.

Foinsí na bPaidreacha
Sources of Prayers

1. Hyde, D. (An Craoibhín Aoibhinn), 1906, *Abhráin Diadha Chúige Connacht I*, 372

2. Ó Laoghaire, D., SJ, 1975, *Ár bPaidreacha Dúchais*, 220

3. ibid.

4. Hyde, D. (An Craoibhín Aoibhinn), 1906, *Abhráin Diadha Chúige Connacht II*, 210

5. Ó Laoghaire, D., SJ, 1975, *Ár bPaidreacha Dúchais*, 166

6. Hyde, D. (An Craoibhín Aoibhinn), 1906, *Abhráin Diadha Chúige Connacht I*, 380

7. Hyde, D. (An Craoibhín Aoibhinn), 1906, *Abhráin Diadha Chúige Connacht II*, 256

8. ibid. 257

9. Ó Laoghaire, D., SJ, 1975, *Ár bPaidreacha Dúchais*, 155

10. ibid. 143

11. ibid. 144

12. ibid. 148

13. ibid. 165

14. Hyde, D. (An Craoibhín Aoibhinn), 1906, *Abhráin Diadha Chúige Connacht II*, 78

15. Hyde, D. (An Craoibhín Aoibhinn), 1906, *Abhráin Diadha Chúige Connacht I*, 128

16. ibid. 372

17. ibid. 390

18. Ó Laoghaire, D., SJ, 1975, *Ár bPaidreacha Dúchais*, 145

19. Mac Aodha, P., SP, 1933, *Leabhrán Urnaighthe na Ceathramhan Ruaidhe*, 117

20. Hyde, D. (An Craoibhín Aoibhinn), 1906, *Abhráin Diadha Chúige Connacht II*, 224

21. Ó Laoghaire, D., SJ, 1975, *Ár bPaidreacha Dúchais*, 222

22. ibid. 221

23. ibid. 209

24. ibid. 160

25. Ní Mhainnín, M. & Ó Murchú, P., 1998, Peig, *A Scéal Féin*, 65-7

26. Ó Laoghaire, D., SJ, 1975, *Ár bPaidreacha Dúchais*, 7

27. ibid. 6

28. ibid

29. Máire Ní Dhólainn, Gleann Gaibhleann, Co. an Chábháin (Lárionad Uí Dhuilearga do Bhéaloideas na hÉireann agus Cnuasach Bhéaloideas Éireann UCD)

30. Ó Laoghaire, D., SJ, 1975, *Ár bPaidreacha Dúchais*, 6.

31. ibid. 59

32. Hyde, D. (An Craoibhín Aoibhinn), 1906, *Abhráin Diadha Chúige Connacht II*, 382

33. Ó Laoghaire, D., SJ, 1975, *Ár bPaidreacha Dúchais*, 68

34. ibid. 62 & Hyde, D. (An Craoibhín Aoibhinn), 1906, *Abhráin Diadha Chúige Connacht II*, 52

35. Ó Laoghaire, D., SJ, 1975, *Ár bPaidreacha Dúchais*, 17

36. ibid

37. Coláiste na Rinne, 1941

38. Ó Laoghaire, D., SJ, 1975, *Ár bPaidreacha Dúchais*, 17

39. Coláiste na Rinne, 1941

40. Ó Laoghaire, D., SJ, 1975, *Ár bPaidreacha Dúchais*, 18

41. *Béaloideas IV*, 403, Corca Dhuibhne

42. Ó Laoghaire, D., SJ, 1975, *Ár bPaidreacha Dúchais*, 19

43. Hyde, D. (An Craoibhín Aoibhinn), 1906, *Abhráin Diadha Chúige Connacht II*, 206

44. Ó Laoghaire, D., SJ, 1975, *Ár bPaidreacha Dúchais*, 62

45. ibid. 65

46. ibid. 67

47. Micheál Ó Conchubhair, Ceathrú an Fheirtéaraigh, Dún Chaoin, Co. Chiarraí (Lárionad Uí Dhuilearga do Bhéaloideas na hÉireann agus Cnuasach Bhéaloideas Éireann UCD)

48. Máire Nic Gearailt, An Blascaod, Co. Chiarraí (Lárionad Uí Dhuilearga do Bhéaloideas na hÉireann agus Cnuasach Bhéaloideas Éireann UCD)

49. Ó Laoghaire, D., SJ, 1975, *Ár bPaidreacha Dúchais*, 75

50. Hyde, D. (An Craoibhín Aoibhinn), 1906, *Abhráin Diadha Chúige Connacht II*, 46

51. ibid. 216

52. ibid

53. Ó Laoghaire, D., SJ, 1975, *Ár bPaidreacha Dúchais*, 91

54. ibid. 103

55. ibid. 103-104

56. ibid. 105

57. ibid

58. ibid. 69 – 70

59. Ní Mhainnín, M. & Ó Murchú,P., 1998, *Peig, A Scéal Féin*, 166

60. Ó Laoghaire, D., SJ, 1975, *Ár bPaidreacha Dúchais*, 63

61. Ní Mhainnín, M. & Ó Murchú, P., 1998, *Peig, A Scéal Féin*, 63-4

62. Ó Laoghaire, D., SJ, 1975, *Ár bPaidreacha Dúchais*, 65

63. ibid. 74

64. ibid. 111

65. ibid. 119

66. Ó Donnchadha, T. (Torna), 1916, *An Alphabet of Irish Saints*

67. Hyde, D. (An Craoibhín Aoibhinn), 1906, *Abhráin Diadha Chúige Connacht I*, 384

68. Ó Laoghaire, D., SJ, 1975, *Ár bPaidreacha Dúchais*, 47

69. Ó Donnchadha, T. (Torna), 1916, *An Alphabet of Irish Saints*

70. ibid

71. ibid

72. Ó Laoghaire, D., SJ, 1975, *Ár bPaidreacha Dúchais*, 230

73. ibid

74. ibid

75. ibid

76. Ó Donnchadha, T. (Torna), 1916, *An Alphabet of Irish Saints*

77. Ó Laoghaire, D., SJ, 1975, *Ár bPaidreacha Dúchais*, 227-9

78. Ó Donnchadha, T. (Torna), 1916, *An Alphabet of Irish Saints*

79. ibid

80. ibid

81. ibid

82. Ó Laoghaire, D., SJ, 1975, *Ár bPaidreacha Dúchais*, 231

83. ibid

84. Ó Donnchadha, T. (Torna), 1916, *An Alphabet of Irish Saints*

85. ibid

86.   ibid

87.   ibid

88.   ibid

89.   Hyde, D. (An Craoibhín Aoibhinn), 1906, *Abhráin Diadha Chúige Connacht II*, 228

90.   Ó Laoghaire, D., SJ, 1975, *Ár bPaidreacha Dúchais*, 226-7

91.   Ó Donnchadha, T. (Torna), 1916, *An Alphabet of Irish Saints*

92.   ibid

93.   ibid

94.   ibid

95.   ibid

96.   Shane de Bháis, Rang 6, Scoil Lorcáin, Baile na Manach, Co. Bhaile Átha Cliath

97.   Fionnuala Nic Mhathúna, Rang 6, Scoil Lorcáin, Baile na Manach, Co. Bhaile Átha Cliath

Leabharliosta gearr
Short bibliography

Hyde, D. (An Craoibhín Aoibhinn). Baile Átha Cliath & Londain 1906. *Abhráin Diadha Chúige Connacht I.*

Hyde, D. (An Craoibhín Aoibhinn). Baile Átha Cliath & Londain 1906. *Abhráin Diadha Chúige Connacht II.*

Mac Aodha, P., SP. Baile Átha Cliath 1933. *Leabhrán Urnaighthe na Ceathramhan Ruaidhe.*

Ní Mhainnín, M. & Ó Murchú, P. An Daingean 1998. *Peig, A Scéal Féin.*

Ó Donnchadha, T. (Torna). Baile Átha Cliath 1916. *An Alphabet of Irish Saints.*

Ó Laoghaire, D., SJ. Baile Átha Cliath 1975. *Ár bPaidreacha Dúchais.*